国語授業の改革　5

国語科　小学校・中学校
新教材の徹底研究と授業づくり

科学的『読み』の授業研究会　編

学文社

はじめに

残念なことですが、ここのところ「読むこと」の指導が不当に軽視されてきたようです。その上、一部には「詳細な読解」指導は、忌避すべきことであるかのような風潮さえあったと聞きます。

「書くこと」そして「話すこと・聞くこと」の指導は、もちろん国語の授業の中にしっかりと位置づけられるべきです。しかし、だからと言って「読むこと」の指導が軽視されていいはずはありません。そして、「読むこと」分野では、一方で読書指導など多読を重視しつつも、一方では丁寧で詳細な読解指導を大切にしていくことが必要です。このまま「読むこと」の指導を軽視するようなことが続けば、また詳細な読解を忌避するような傾向が続けば、子どもたちの国語力全体が間違いなく低下していきます。

私たちは、これまで「読むこと」の指導に関して、二つのことを重視しながら研究を進めてきました。一つは、今まで曖昧であった国語科の教科内容を、具体的にそして体系的に解明することです。もう一つは、その教科内容を子どもたちに系統的に身につけさせていくための確かな指導方法を解明することです。そこには、教材研究の方法という課題も含まれています。そして、いずれについても一定の成果を上げ、国語教育界にそれなりの問題提起をすることができてきたと自負しています。

平成一七年度から小学校の国語の教科書が新しくなりました。中学校は平成一八年度から新しくなります。それらの国語教科書には、かなりの数の注目すべき新教材が登場しています。手引きも新しい形のものが出てきました。それらを、右の二つの観点（教科内容と指導方法の解明）から、丁寧に分析・検討をしました。新しい教材を授業で有効に生かしていくためのヒントや切り口も、具体的にそして多様に示しました。

多くの先生方、研究者の方々に読んでいただき、ご意見・ご批判をいただきたいと考えています。

二〇〇五年八月

読み研事務局長　阿部　昇（秋田大学）

目　次

I 特集：国語科小学校・中学校 新教材の徹底研究と授業づくり

1 国語科新教科書を「国語の力」という観点から点検する

——一七年度版小学校・一八年度版中学校の「学習の手引き」に着目する

阿部 昇（秋田大学）

小学校では平成一七年度から新しい教科書で国語の授業が展開され始めている。平成一八年度からは中学校で新しい教科書を使った国語の授業が展開される。それらには新教材が多く含まれている。また、学習の手引きも、教科書による差異はあるものの、全体として大幅な改訂が行われている。

本稿では、特に「読むこと」教材の手引き改訂に着目しながら、新教科書の検討を行っていく。もちろん教材そのものが重要である。が、同時に手引きもその教科書の性格を大きく左右する。見方によっては、手引きにこそ教科書編集の方針が最も顕在化するとも言える。

検討は、今回の手引き改訂が、子どもたちに「国語の力」とりわけ「読む力」を育てることに有効なものとなっているかどうかという観点から行う。従来の手引きは教材内容を理解させるというレベルのものが多かった。たとえば「オゾンの仕組みについて理解する」ということが無意味とは思わないが、そのことがどういう「国語の力」「読む力」につながるのかは曖昧なままであった。仮に「国語の力」にかかわっていても「筆者の説明の仕方の特徴について話し合おう」などと極めて抽象的なレベルでの課題提示に止まっていることも少なくなかった。それが今回どう変わったのかを検討する。

1 説明的文章の構成と論理を読むことに関する手引き

今回の手引きには、読む力をつけるために、かなり具体的な課題設定をしているものが出てきた。

説明的文章を読む際に、文章構成という方向から把握していくと、その理解がより容易に進む場合が少なくない。A社[1]の小学校三年教材「ありの行列」では、構成を把握させるために次のような手引きを新たに設定した。

「ありの行列」には、はじめの段落に「問い」がしめされています。どんな「問い」でしょう。
「問い」の「答え」は、どこに書いてあるでしょう。書いてある段落を見つけましょう。どの言葉や文で、それが分かりますか。

これらは、〈文章全体の「問い」→まとめとしての「答え」〉という大きな構成を把握させることをねらっている。従来もこれに近い手引きはあったが、文章全体の構成把握につながる形のものは、小学校段階では少なかった。これが、全体への「問い」を含む前文、まとめの「答え」を含む後文という構成把握に発展していく。「前文・本文・後文」または「はじめ・なか・おわり」という構成である。実際に同社の五年教材「サクラソウとトラマルハナバチ」では、次のような手引きが示される。

「サクラソウとトラマルハナバチ」は、全体が次のような構成になっている。それぞれ、どこからどこまでか、本文で確かめてみよう。
(1) 疑問の形で、読者に話題を提示している。
（中略）
(4) (2)(3)で述べてきたことを合わせて、(1)の話題についてまとめている。

B社の小学校六年教材「イースター島にはなぜ森林がないのか」でも、これと似た手引きが設定されている。

この文章は、大きく三つのまとまりから構成されている。（中略）／・それぞれの段落に書いてある内容を考え、全体を三つの大きなまとまりに分けよう。

説明的文章の「読むこと」指導では、もちろん一つひとつのことがらや論理などに丁寧に着目する必要がある。しかし、同時に文章全体を構成的・構造的に俯瞰しておくことも重要である。大きな意味のまとまりとして、あるいは大きな論理の流れとして文章を把握することで、その後のことがらや論理の読みとりがより容易となる。

右のような追究によって当該の教材の構成・構造が把

握できるが、同時にその過程で子どもは説明的文章を構成的・構造的に読むための方法を学び身につけていく。それが国語の力となって、次の教材の読みとりに生きる。

説明的文章分野の手引きは、論理の把握にかかわっても進展があった。たとえば〈具体的な事実とそれにもとづく考察〉という論理関係を把握させていくことが、今まで以上に明確に位置づけられてきている。

中心部分の後半は、実験、観察について述べられた部分と、それぞれに対する考察を行っている部分とに分かれている。それぞれの部分に書かれていることを読み分けよう。

A社の中学校二年教材「文化を伝えるチンパンジー」の手引きである。そして、ここでの学習のめあてとして「事実と考察を見分け、その関係に注意しながら読む。」ということが提示されている。C社の中学校三年教材「新しい博物学の時代」でも、「筆者の考えと具体例との関係を正確に読み取り、全体の構成をとらえる。」というねらいが提示され、続けて次のような手引きが設定されている。

意見と具体例がどのように並べられているのか、確かめてみよう。

従来も「事実と意見」を区別するといったレベルの手引きはあった。が、今回の手引きに特徴的なのは、「実験」「観察」「具体例」と「考察」「意見」「考え」とを区別するだけでなく、それらの「関係」に着目させようとしている点である。これは、「観察」「事実」にもとづいて、一定の「考察」「意見」を導き出すという推理関係を読む力を鍛えていくことにつながる。

こういった推理関係が読めるようになると、説明的文章の読解はより確かなものとなる。同時に読むことが楽しくなる。そして、その推理の優れた点、不十分な点を主体的に吟味（評価・批判）することが可能となる。

2　物語・小説の構成と仕掛を読むことに関する手引き

物語・小説分野でも、作品の構成・構造を把握させようとする手引きが出てきた。B社の小学校四年教材「夏のわすれもの」では、次のような手引きが設定される。

物語の出来事の流れを、図のように、一本の線で表してみましょう。

（中略）

・その中で、最も大切だと思う文（物語が一番もり上がるところ）をぬき出します。

この「最も大切だと思う文（物語がいちばんもり上がるところ）」というのは、「クライマックス」などと言われるものである。確かにこういう部分に着目することで、作品全体の形象の流れがより明快に浮き上がってくる。

A社の小学校三年教材「きつつきの商売」でも、構成・構造にかかわる次のような手引きがある。

「きつつきの商売」には、「1」と「2」の二つのばめんがあります。「1」と「2」について、つぎのことをくらべましょう。

・登場人物／だれが、どんなことをしましたか。

・出来事／どんなことがありましたか。

この作品は「1」の場面と「2」の場面を比較して読むことで、作品全体の形象の仕掛が見えてくる。同時にテーマも浮き上がってくる。物語・小説にはこういった対比的な仕掛を重視した書かれ方のものは少なくない。

物語・小説も、作品を構成的・構造的に把握することで、その作品の全体像が浮かび上がってくる。作品のテーマも少しずつほの見えてくる。そして、その作品のどの部分にこそこだわって読んだらいいかも見えてくる。作品の急所が見えてくるということである。

物語・小説を読む場合、さまざまな作品の仕掛け、工夫、レトリック、象徴等に目をつけていくことで、今まで見えなかった作品世界が豊かに立ち上がってくる（仕掛け等が使われている部分は、構成・構造的把握で見えてくる作品の急所と、かなりの程度重なる）。

そういった物語・小説のさまざまな仕掛、工夫、レトリック、象徴等についても、手引きに進展があった。

A社の小学校六年教材「やまなし」では、「言葉」という枠で「次の表現から、どんな情景が目にうかぶか想像してみよう。／・クラムボンはかぷかぷ笑ったよ。／・日光の黄金は、夢のように水の中に降ってきました。」という手引きが設定されている。擬声語と比喩表現への着目を促すものである。また、C社の中学校一年教材「オツベルと象」でも同様の手引きがある。

作品の中から、特に印象に残った擬声語・擬態語を二つあげ、どのような効果を生み出しているか、説明してみよう。

同じくC社の中学校三年教材「ウミガメと少年」では、視点の転換に着目させる手引きが設定されている。視点を切り口に読んでいくことで、作品の構造が見えてくる。

ウミガメと少年が見た、それぞれの「戦争」はどのようなものだったのか。そして、作者は、この二つの、戦争への視点によって何を書きたかったのか、考えてみよう。

A社の中学校一年教材「少年の日の思い出」では、「言葉」という枠で「この作品には、『熱情』という言葉がくり返し使われている。（中略）②『熱情』と『情熱』の意味を調べ、印象がどのように違うか比べよう。」という手引きがある。これは、表現の差異性に着目させながら作品を読み深めさせようというものである。

A社の小学校六年教材「カレーライス」では、重要語句が担う象徴性に着目させる手引きが設定されている。

この作品には、カレーの「甘口」と「中辛」が出てくる。この二つの言葉には、どんな意味がこめられているだろうか。「ぼく」と「お父さん」の立場で考えてみよう。

B社の小学校五年教材「注文の多い料理店」の手引きは、「それぞれの戸に書かれている言葉について、次のような表にまとめよう。」とあり、その後に次のような三つの枠が示される。

戸に書かれている言葉	二人のしんしの心情	言葉の本当の意味

「戸に書かれている文字」が二重に解釈できるというこの作品の仕掛け・面白さを明確に意識させることをねらっている。解釈の二重性を読むという方法である。

C社の中学校一年教材「少年の日の思い出」には、次のような手引きが設定されている。

・P80L1～P82L10の中で、明暗を表す表現を抜き出し、情景を想像してみよう。

・それらの表現が、どのような効果をもたらしているか、考えてみよう。

「P80L1～P82L10」は、この作品の導入部分で客がわたしに子どもの頃の思い出を話すに至るまでの部分である。この導入部分の「明暗」のもつ設定としての意味を読ませようとしているのである。また、A社の中学二年生教材「走れメロス」では、次のような手引きがある。

初めの部分（158ページ2行目から159ページ19行目）でメロスはどのような人物として描かれているかを読み取ろう。

これは導入部分の人物設定を読ませようというものである。その上で、「メロスの考え方や人物像は、村から刑場に向かう途中で、何度か変化している。／①特に大きな変化が見える部分を三か所程度抜き出そう。／②なぜメロスの考え方はその部分で変化したのだろう。作品を読み返して考えよう。」という問いかけが準備されている。〈導入部分の人物設定〉〈事件展開の中での人物像の発展・変化〉――といった小説を読む際にポイントとなる要素に、子ども自身が自力で着目できるようになっていくことをねらった手引きと言える。

構成・構造、比喩、擬声語、視点、表現の差異、象徴、導入部分の諸設定、事件展開における人物像の発展・変化……といったことは、物語・小説を読む上で是非身につけるべき重要な要素である。これらのことを身につけていくことで、子どもたちはより豊かにより楽しく物語・小説を読むことができるようになっていく。今までそういった観点が皆無であったということではないが、あまりにも不十分であった。今回の改訂では、多くの教科書でその要素がより明確に位置づけられつつある。

2 「吟味力」を育てることを重視した手引き

私は、以前から説明的文章指導において「吟味力」を重視すべきことを強く提言してきた。(2) 「吟味力」とは「文章の優れた点を評価し不十分な点を批判する力」のことである。従来の教科書では、残念ながらそういった要素は重視されているとは言い難かった。しかし、今回の改訂では、その要素がかなり取り入れられてきている。

A社の中学校三年の説明的文章教材「生きものとして生きる」では、次のような手引きが設定されている。

次の四つの立場から一つを選び、生きることと科学技術について、自分の考えを根拠や理由を明確にして、述べてみよう。

・筆者の主張に賛成し、さらに別の根拠や理由を付け足す。
・筆者の主張に賛成するが、一部に別の意見をもち、その根拠や理由を述べる。
・筆者の主張の一部に賛成し、ほかには反対の立場を取って、その根拠や理由を述べる。
・筆者の主張に反対し、その根拠や理由を述べる。

根拠や理由を明確にしながら、一つひとつの文章に対して自らの判断・評価をくだせるようになることは、子どもたちが主体的な読み手となっていくために、是非必要なことである。

また、B社の中学校二年説明的文章教材「考えるイルカ」の手引き中の「学習のポイント」には、「論理を吟味する」というタイトルで「言葉の意味の吟味」「論理の展開の吟味」「根拠の吟味」の三つの吟味の在り方が示されている。たとえば、「根拠の吟味」では「・根拠は確かか。／・根拠として取り上げている事例は一般的か。／・根拠が一面的ではないか。」が提示されている。その上で次のような手引きが示される。

筆者の考察や考え方について、論理の展開を吟味しよう。

最近注目されているOECDの「学習到達度調査」中の「読解力」も、実はこういった吟味力と大きくかかわる。「読解力」の問題の中には、たとえば「町の落書き」について、賛成する手紙と反対する手紙がともに示されている。そして「あなたは、どちらの手紙に賛成しますか。」と問われる。自分の判断を示し、その根拠を述べなければならない。一方に賛成するということは、一方に反対するということである。当然、吟味力がなければこういった問題を解くことはできない。また、メディア・リテラシーの重要性が最近特に叫ばれているが、それも吟味力が基本となる。これからの世界を生きていく子どもたちにとってこの力は必須と言える。

4 「国語の力」を確かに身につけさせるための教科内容の体系化と系統化

文章の「内容」は、その「書かれ方」「表現」にこだわってこそ豊かに鋭く立ち上がってくる。「書かれ方」「表現」を軽視した「内容理解」は、実は本当の理解になりえていない。そういう観点で見ると、今回の小学校一七年度版、中学校一八年度版は、全体として「書かれ方」「表現」にこだわりながら読むという方向がより明確になっている。その意味で、確かな「国語の力」を身につけさせていくことに有効な改善がされていると言える。

本稿では言及できなかったが、「国語の力」を豊かにつけるという観点から見て高く評価できる新教材がいくつも出現した。また、「書くこと」「話すこと・聞くこと」についても、国語の力を身につけさせるという観点から教材や学習が、改善されている例がいくつもある。

とは言うものの、いずれの教科書にも、まだまだ改善の余地はある。今まで述べてきたように、国語の力を身につけさせるための手引きが、以前に比べより多く設定されるようになってきてはいる。また、ある学年で学ばせたことを、次の学年で発展させるという系統性を意識した手引きの設定も増えてきてはいる。しかし、小学校・中学校の九年間で「こういう国語の力を身につけさせる」という具体的な教科内容の体系に裏打ちされた手引きというレベルにまでは、まだ至っていない。当然、九年間を見通した系統性の高い構造化された手引き設定というかたちには成り得ていない。

もちろん、それは手引きだけの問題ではない。教材選択、教材作成、教材配列にも、まだ改善の余地があるということでもある。

今後、体系的で具体的な国語科の教科内容の再構築を急ぎつつ、それに基づいた系統性の高い緻密に構造化された国語教科書作りをしていく必要がある。

注

(1) 本稿ではA~Cの三社の小中の国語教科書に絞って検討を進める。なお、今回はA~C三社の会社名はあえて明示しないでおくこととする。

(2) 拙著『文章吟味力を鍛える——教科書・メディア・総合の吟味』明治図書出版、二〇〇三年を参照いただきたい。

2 「選ぶ」学習と「つなぐ」指導

上谷 順三郎（鹿児島大学）

1 はじめに

「選ぶ」学習と「つなぐ」指導。これは、小学校・中学校の国語教科書新教材を生かすポイントである。「選ぶ」学習は特に国語科教育的ポイントであり、「つなぐ」指導は特に国語教育的ポイントである。言い換えれば、国語科の授業において学習者の主体的な学習を保障するためのポイントであり、学校における言葉の教育として、つまり国語教育としての系統性を意識した指導を可能にするためのポイントである。

「選ぶ」学習は、どちらかといえば、各教材ごとの、あるいは単元ごとの、そして単位時間ごとの授業づくりの工夫によるところが大きいので、本稿では省略する。(1)

本稿で取り上げる「つなぐ」指導とは、次の二つである。

①「国語」と他教科をつなぐ指導

②異学年、異校種をつなぐ指導

特に①を中心にして以下に論じていく。

2 情緒・語彙・論理

「情緒」「語彙」「論理」は、「国語」の特に「読むこと」と他教科をつなぐ指導におけるキーワードである。「国語」の学習指導内容を念頭において他教科を見たときに、つなぐ指導のイメージを喚起される言葉である。

文化審議会答申「これからの時代に求められる国語力について」（平成一六年二月三日）においては、発達段階に応じた国語教育についての基本的な認識として「情緒力」「論理的思考力」「語彙力」の三つが挙げられているが、ここでは現行の中学校学習指導要領をもとに八教科について考察してみる。(2)

以下、それぞれの教科で「国語」とのつなぐ指導を喚起される箇所を部分的に引用する。なお、「国語」の目標や言語活動例とかかわると思われるところにも傍線を付した（傍線は引用者）。

三つのキーワードそれぞれにおいて「国語」と他教科がどのような関係にあるかを示した表を掲げておく。

	情緒	語彙	論理
社会		○	○
英語	○		○
数学			○
理科		○	○
音楽	○		
技・家		○	
美術	○		
保・体	○	○	

①社　会

第1　目　標

広い視野に立って、社会に対する関心を高め、諸資料に基づいて多面的・多角的に考察し、我が国の国土と歴史に対する理解と愛情を深め、公民としての基礎的教養を培い、国際社会に生きる民主的、平和的な国家・社会の形成者として必要な公民的資質の基礎を養う。

第3　指導計画の作成と内容の取扱い

2　指導の全般にわたって、資料を選択し活用する学習活動を重視するとともに作業的、体験的な学習の充実を図るようにする。その際、地図や年表を読みかつ作成すること、新聞、読み物、統計その他の資料に平素から親しみ適切に活用すること、観察や調査などの過程と結果を整理し報告書にまとめ、発表することなどの活動を取り入れるようにする。また、資料の収集、処理や発表などに当たっては、コンピュータや情報通信ネットワーク、教育機器の活用を促すようにする。

②外国語（英語）

第1　目　標

外国語を通じて、言語や文化に対する理解を深め、積極的にコミュニケーションを図ろうとする態度の育成を図り、聞くことや話すことなどの実践的コミュニケーション能力の基礎を養う。

第2　各言語の目標及び内容等

英　語

2　内　容

（1）言語活動

英語を理解し、英語で表現する能力を養うため、次の言語活動を3学年間を通して行わせる。

ウ　読むこと

主として次の事項について指導する。

（ア）文字や符号を識別し、正しく読むこと。

（イ）書かれた内容を考えながら黙読したり、その内容が表現されるように音読すること。

（ウ）物語や説明文などのあらすじや大切な部分を読み取ること。

（エ）伝言や手紙などから書き手の意向を理解し、適切に応じること。

③　数　学

第1　目　標

数量、図形などに関する基礎的な概念や原理・法則の理解を深め、数学的な表現や処理の仕方を習得し、事象を数理的に考察する能力を高めるとともに、数学的活動の楽しさ、数学的な見方や考え方のよさを知り、それらを進んで活用する態度を育てる。

第2　各学年の目標及び内容

〔第1学年〕

1　目　標

（1）　数を正の数と負の数まで拡張し、数の概念についての理解を深める。また、文字を用いることの意義及び方程式の意味を理解するとともに、数量などの関係や法則を一般的にかつ簡潔に表現し、処理できるようにする。

（2）　平面図形や空間図形についての観察、操作や実験を通して、図形に対する直観的な見方や考え方を深めるとともに、論理的に考察する基礎を培う。

（3）　具体的な事象を調べることを通して、比例、反比例の見方や考え方を深めるとともに、数量の関係を表現し考察する基礎を培う。

④　理　科

第1　目　標

自然に対する関心を高め、目的意識をもって観察、実験などを行い、科学的に調べる能力と態度を育てるとともに自然の事物・現象についての理解を深め、科学的な見方や考え方を養う。

第2　各分野の目標及び内容

〔第1分野〕

1　目　標

（1）物質やエネルギーに関する事物・現象に対する関心を高め、その中に問題を見いだし意欲的に探究する活動を通して、規則性を発見したり課題を解決したりする方法を習得させる。

（2）物理的な事物・現象についての観察、実験を行い、観察・実験技能を習得させ、観察、実験の結果を考察して自らの考えを導き出し表現する能力を育てるとともに、身近な物理現象、電流とその利用、運動の規則性などについて理解させ、これらの事象に対する科学的な見方や考え方を養う。

（3）化学的な事物・現象についての観察、実験を行い、観察・実験技能を習得させ、観察、実験の結果を考察して自らの考えを導き出し表現する能力を育てるとともに、身の回りの物質、化学変化と原子、分子、物質と化学反応の利用などについて理解させ、これらの事象に対する科学的な見方や考え方を養う。

（4）物質やエネルギーに関する事物・現象を調べる活動を通して、日常生活と関連付けて科学的に考える態度を養うとともに、自然を総合的に見ることができるようにする。

⑤ 音　楽

第1　目　標

表現及び鑑賞の幅広い活動を通して、音楽を愛好する心情を育てるとともに、音楽に対する感性を豊かにし、音楽活動の基礎的な能力を伸ばし、豊かな情操を養う。

第2　各学年の目標及び内容

〔第1学年〕

1　目　標

（1）音楽活動の楽しさを体験することを通して、音楽への興味・関心を養い、音楽によって生活を明るく豊かなものにする態度を育てる。

（2）音楽表現の豊かさや美しさを感じ取り、基礎的な表現の技能を身に付け、創造的に表現する能力を育てる。

（3）多様な音楽に興味・関心をもち、幅広く鑑賞する能力を育てる。

2　内　容

A　表　現

（1）表現の活動を通して、次の事項を指導する。

ア　歌詞の内容や曲想を感じ取って、歌唱表現を工夫すること。

イ　曲種に応じた発声により、言葉の表現に気を付けて歌うこと。
ウ　楽器の基礎的な奏法を身に付け、美しい音色を工夫して表現すること。
エ　声部の役割を感じ取り、全体の響きに気を付けて合唱や合奏をすること。
オ　短い歌詞に節付けしたり、楽器のための簡単な旋律を作ったりして声や楽器で表現すること。

⑥技術・家庭

第1　目　標

生活に必要な基礎的な知識と技術の習得を通して、生活と技術とのかかわりについて理解を深め、進んで生活を工夫し創造する能力と実践的な態度を育てる。

第2　各分野の目標及び内容

〔技術分野〕

1　目　標

実践的・体験的な学習活動を通して、ものづくりやエネルギー利用及びコンピュータ活用等に関する基礎的な知識と技術を習得するとともに、技術が果たす役割について理解を深め、それらを適切に活用する能力と態度を育てる。

2　内　容

A　技術とものづくり
B　情報とコンピュータ
（1）生活や産業の中で情報手段の果たしている役割について、次の事項を指導する。
ア　情報手段の特徴や生活とコンピュータとのかかわりについて知ること。
イ　情報化が社会や生活に及ぼす影響を知り、情報モラルの必要性について考えること。

⑦美　術

第1　目　標

表現及び鑑賞の幅広い活動を通して、美術の創造活動の喜びを味わい美術を愛好する心情を育てるとともに、感性を豊かにし、美術の基礎的能力を伸ばし、豊かな情操を養う。

第2　各学年の目標及び内容

〔第1学年〕

1　目　標

（1）楽しく美術の活動に取り組み美術を愛好する心情を培い、心豊かな生活を創造していく意欲と態度を育てる。
（2）対象を深く観察する力、感性や想像力を高め、豊かに発想し構想する能力や基礎的技能を身に付け、多様な表現方法や造形要素に関心をもち、創意工夫し美しく表現する能力を育てる。
（3）自然や美術作品などについての基礎的な理解や見方を広げ、よさや美しさなどを感じ取る鑑賞の能力を育てる。

2　内　容

B　鑑　賞

鑑賞の活動を通して、次のことができるよう指導する。

ア　想像力を働かせ、美術作品や児童生徒の表現などに表された作者の心情や意図と表現の工夫を感じ取り、作品の見方を広げ、多様な表現のよさや美しさなどを味わい、鑑賞に親しむこと。

イ　生活の中のデザインや伝統的な工芸を鑑賞し、豊かな発想と工夫、美と機能性の調和、作品に託された願いと造形的なよさなどに気付き、生活におけるデザインや工芸の働きについて理解すること。

第3　指導計画の作成と内容の取扱い

2　第2の内容の指導については、次の事項に配慮するものとする。

（2）互いの個性を生かし合い協力して創造する喜びを味わわせるため、適切な機会を選び共同で行う創造活動を経験させること。また、各表現の完成段階で作品を発表し批評し合い、互いの表現のよさや個性などを認め尊重し合う活動をするようにすること。
（3）主題の発想から表現の確認及び完成に至る全過程を通して、生徒が夢と目標をもち、自分のよさを発見し喜びをもって自己実現を果たしていく態度の形成を図るようにすること。

⑧　保健体育

第1　目　標

心と体を一体としてとらえ、運動や健康・安全についての理解と運動の合理的な実践を通して、積極的に運動に親しむ資質や能力を育てるとともに、健康の保持増進のための実践力の育成と体力の向上を図り、明るく豊かな生活を営む態度を育てる。

以上、八教科について見てきたが、たとえば「情緒」の場合、英語では「言語感覚」の側面、美術では「美意識」の側面がそれぞれ強く「国語」とかかわってくる。また同じように「語彙」の場合、「情報」としての側面が強くかかわってくるのが「社会」「理科」「技術・家庭」であり、「メディア・リテラシー」としての側面にも注目したいのが「社会」と「技術・家庭」である。

3　文学的文章

今回取り上げられている新教材五点について、**2**と関連づけて述べる。文学的文章の「読むこと」においては、「情緒」と「語彙」が他教科とつなぐキーワードになる。しかも、「情緒」と「語彙」との関係が重要である。

その点で、文学的文章の場合、「語り手（話者）」と「中心人物」の関係を考察することが重要となる。それは、読み手が「中心人物」とどのような距離を取りながら、読書中の物語世界の中の他の人物や風景を見たり感じたりするのか、ということに強くかかわるからである。そして「語り手」と「中心人物」の関係は、会話の表現や地の文の「描写」における「語彙」（情報）を通して読みとられ、読み手にある種の「情緒」を引き起こすからである。**2**で見てきた「情緒」や「語彙」とかかわる他教科との関係に留意して、新教材を見ていただきたい。

ちなみに、新教材五点の「中心人物」と「語り手」の視点は以下の通りである。

「ひっこして　きた　みさ」＝みさ／第三人称全知に近い限定
「わにのおじいさんのたから物」＝おにの子／第三人称限定
「カレーライス」＝ぼく／第一人称
「ウミガメと少年」＝ウミガメ・哲夫／第三人称限定
「盆土産」＝自分／第一人称

4　説明的文章

説明的文章の「読むこと」においては、「論理」と「語彙」が他教科とつなぐキーワードになる。そして「語彙」については「情報」の側面が中心となる。[3]

説明的文章では書き手がすなわち話者であるため、読み手にとっては、その書き手（筆者）が、自身の主張をどのような「情報」を用いてどのような「論理」展開によって説明しているのか、が問題である。**2**で見たような、「論理」と「語彙」に強くかかわる他教科を意識した指導を試みていただきたい。

今回取り上げられている新教材四点について言えば、たとえば中学校の「文化を伝えるチンパンジー」の場合、次のように特徴づけることができる。チンパンジーについての「情報」と実験によって、文化が伝わるということを「論理」的に説明している文章。

　同じく語彙の定義を積み重ねながら議論を展開している小学校五年の「サクラソウとトラマルハナバチ」や「ニュース番組作りの現場から」に比べて、「文化を伝えるチンパンジー」の場合、「サクラソウ」や「ニュース」などの単なる内容理解だけではなく、「文化」という概念を用いた思考を求めていて、学習内容の違いを示している。ちなみに小学校六年の「言葉の意味を追って」で出てくる『広辞苑』では「概念」を次のように説明している。「事物の本質をとらえる思考の形式。事物の本質的な特徴とそれらの連関が概念の内容（内包）。概念は同一本質をもつ一定範囲の事物（外延）に適用されるから一般性をもつ。（以下略）」

注

（1）拙稿「『選ぶ』ことを保障し意識化させる授業」（『教育科学国語教育』六四九号、二〇〇四年一〇月、一四～一六頁）参照。

（2）次の二点において、小学校、中学校の両方を考察している。
拙稿「国語科から学校教育を見直す」（鹿児島県小学校教育研究会国語部会編『鹿児島　国語教育』第五八号、二〇〇三年二月、三～九頁）
拙稿「『ことば』学習の三つの視点」（講演記録と配付資料）（鹿児島県中学校教育研究会国語部会編『国語教育』第五七号、二〇〇三年三月、九〇～一二四頁）

（3）次の拙稿で授業での具体化について論じている。
「評論〈中学校〉」（野地潤家・湊吉正編『新編中学校高等学校国語科教育法』おうふう、二〇〇二年四月、五七～六一頁）
「『じぶん』（鷲田清一）の授業づくり」（田中実・須貝千里編著『〈新しい作品論〉へ、〈新しい教材論〉へ　評論編4』右文書院、二〇〇三年二月、一五七～一七四頁）。

3 物語「カレーライス」（重松 清）
——光村図書・小学校六年

柳田良雄（千葉県松戸市立松飛台小学校）

1 教材の概要

光村図書六年・上の教科書に加わった重松清の書き下ろし作品である。

ぼくは小学六年生。ゲームをすぐに止めなかったのでお父さんにしかられた。が、丸一日たっても「ごめんなさい。」を言っていない。言う気もない。

翌日から夕飯時をお父さんと二人で過ごす「お父さんウィーク」が始まった。お父さんはいろいろと話しかけてくるが、ぼくは応えない。お父さんが作った甘口の特製カレーをもくもくと食べるだけ。

「お父さんウィーク」二日目もまだ話さない。そんな自分の気持ちが自分でもよくわからない。素直になりたい気持ちはあるが、行動にあらわせない。

三日目。体調を崩したお父さんは、夕飯を弁当にしようと言う。しかし、ぼくは思わず「カレー。」（を作る）と言う。「考えるより先に言葉が出」てしまったのだ。二人でカレーを作った。そこでお父さんは、ぼくがもう「中辛」のルーを使っていることを知り、驚きつつもぼくの成長を喜ぶ。

二人で作った特製カレー。その味は「ぴりっとからくて、でも、ほんのりあまかった。」

2 教材の分析

思春期を迎える男の子が抱く、父親に対する心情の揺れを、カレーライスという食べ物を通して描いた作品である。

まず、この作品が「ひろし」という名の「ぼく」の一人称視点で描かれていることに着目した。一人称視点であるため、「ぼく」の父親に対する心情が随所に表現されている。

それはすでに冒頭からみられる。冒頭で「ぼくは悪くない。／だから、絶対に『ごめんなさい。』は言わない。言うもんか、お父さんなんかに。」と父親への反発をみせる。なだめる母親には「お父さんと口をききたくないのは、そんな子どもっぽいことじゃなくて、もっと、こう、なんていうか、もっと――。」と自分の気持ちを伝えることができないでいる。

思春期特有ともいえるもやもやとした心情。反発、葛藤、歩み寄り、自己分析等々の心情の揺れが、この作品の主軸に位置づけられている。

「ぼく」の心情は父親の言動に連動して揺れる。父親は「ぼく」に歩みよろうとさまざまな投げかけを行う。学校の話題を持ちかけたり、おどけてみたり、おっかない顔でにらんでみたり。その様子が「ぼく」の視点で書かれている。

したがって、この作品は、「ぼく」と父親の関係性に着目しながら、「ぼく」の心情や言動が、父親の言動に対してどう応じられるのかを読むことがポイントとなる。

これを言い換えると、「ぼく」の心情と言動を一つの勢力として、父親の言動をもう一つの勢力としてとらえるということである。この二つの勢力の対立、葛藤、歩み寄りの在り方が、この作品では大きな意味をもつ。ただし、この作品は「ぼく」の視点から描かれているのだから、「ぼく」が父親を、自分自身を、そして二人の関係をどうとらえているかが、読み取りの中心的な要素となる。

ところで文学作品の読解について、現場の先生方から「作品のどこを、または何を読ませればいいのかわからない。」「どこを取り上げて、どこを読み流すかという軽重がつけられない。」「どんな手立てで読ませればいいのか。」といった疑問の声を聞く。何を読解させればいいのかよくわからないから、思いつきの指導になってしまうことも多いという。

「カレーライス」でいえば、〈「ぼく」はなぜ素直になったのかを読ませればいいのだろうか〉とか〈「ぼく」のように父親または母親に対して反発した体験を発表させよう〉といった「思いつき」指導に陥りやすい。

このような読解指導では、当然のことながら、確かな学力を獲得させることは難しい。

では、どうすれば子どもたちが自力で読解箇所を発見でき、分析の手立てを見出せるか。

物語の分析・読解では、前述のように、まず作品を創り出している大きな二つの勢力を見極める。次にその二つの勢力の関係が、誰の視点から描かれているかを把握する。その上で、より大きく関係が変化する部分に着目するのである。

話を「カレーライス」の分析にもどす。まず、一方の勢力である「ぼく」が、お父さんと関わりあうことで生じる心情について表現された箇所に線を引いてみる。次に、「ぼく」にそういった心情をもたらしたお父さんの言動が表現された箇所に線を引いてみる（「ぼく」の心情箇所の線とは形や色を変えることで区別する）。こうしてみると、お父さんの言動に応じる「ぼく」の行動にも目が向く。そこで今度は、「ぼく」の行動が表現されている箇所に線を引いてみる。

このような手順に沿って教材分析を進めた。以下、分析内容を具体的に示す。

(1) 「ぼくの」心情と言動

①「お父さんウィーク」初日

お父さんに話しかけられるたびに、「ぼく」の感情は下降線をたどる。始めの「ひろしもけっこう根気あるんだなあ。」との言葉に対しては、「根気とは、ちょっとちがうと思う。」という若干の同意を示している。

しかし次の「でもな、三十分の約束を守らなかったのは、もっと悪いよな。」との発言には「分かってる、それくらい。でも、分かってることを言われるのがいちばんいやなんだってことを、お父さんは分かってない。」と批判する。

最後の「で、どうだ。学校、最近おもしろいか。」との投げかけに対しては「ああ、もう、そんなのどうだっていいじゃん。言葉がもやもやとしたけむりみたいになって、むねの中にたまる。」と拒否的な姿勢で対応している。

授業を受ける六年生の子どもたちはこういった場面に共感を寄せるだろう。父親の投げかけは、彼らの言葉でいえば「うざったい」のである。この心情が、最初は若干の同意→次に批判→最後には拒否という過程で強まっていくことを読ませたい。「うざったい」の一言で表現する心情にも、このような微妙な違いがあることを意識させることにもつながる。人間の気持ち、感情は複雑であり、そのことが読み取れたとき、子どもたちは文学作品を読解するおもしろさを味わうのである。

では、こういった心情の変化に対し、「ぼく」の行動はどんな変化をみせるのか。行動の表現は次のようである。

父親の最初の言葉には「どっちにしても、返事なんか、しない」。

次の言葉には「ぼくはだまったまま」。

最後の言葉には「知らん顔してカレーを食べ続け」る。

このように、父親への応答を示さない態度を保ち続けている。気持ちは下降線をたどるという変化があるが、行動は変わらない。この状況は、子どもたちに「ぼくもそういうことがある。『ぼく』の気持ちがよくわかる」といった共感を与えるであろう。特に、この状況とは逆に、素直になりたい気持ちはあるのだが、それを行動に表せないという場合など（「お父さんウィーク」二日目がそうである）、この時期の子どもたちの多くが体験しているはずである。

②「お父さんウィーク」二日目

二日目には気持ちに変化が生じる。「ぼくも本当は、もう仲直りしちゃおうかな、と思っていたところだった。でも、先手を打たれたせいで、今さらあやまれなくなった。」といった、大きな歩み寄りから始まっている。

次には「自分でも困ってる。なんでだろうと思ってる。今までなら、あっさり『ごめんなさい。』が言えたのに。もっとすなおに話せてたのに。特製カレーだって、三年生のころまでは、すごくおいしかったのに。」と、葛藤に進む。父親批判から、自己分析へ移るのである。

しかし、一日目同様、行動には変化はない。

「だまったまま」

「おいしくないのに、ぱくぱく、ぱくぱく、休まずに食べ続ける」

「二人でだまってお皿を片付けている」

「だまったまま」とは初日にもみられた表現である。

また、初日は「知らん顔して」「食べ続け」ているのに対し、二日目は「休まずに食べ続け」ている。このような「繰り返し」表現に着目することで、心情と言動の差を読み取らせたい。

(2) お父さんの言動

次にお父さんの言動を取り上げる。

初日には次のように「ぼく」に応じている。

・「ほら食べろ、お代わりたくさんあるぞ。」とごきげんな顔で大盛りのカレーをぱくつく。
・「まだおこってるのか。」と笑いながら言った。
それが二日目には次のように変わる。
・「なあ、ひろし、いいかげんにきげん直せよ。しつこすぎないか。」／お父さんは、夕食のとちゅう、ちょっとこわい顔になって言った。
・「いいかげんにしろ。」／とにらんできた。
ここでは
・ごきげんな顔 ⟷ こわい顔
・笑いながら言った ⟷ にらんできた
と対比的な言動になっている。そして「ぼく」が父親を受け入れないという行動をとり続けているのに対し、父親の言動は急速に否定的なものに変わってきている。そういった両者の行動についての読み比べもできる。「ぼく」の行動については「繰り返し」という手立てで読み、対する父親の言動については「対比」という手立てで読む、という読解の方向が見えてくる。

以上のように「ぼく」とお父さんという、大きな二つの勢力の関係を分析すると、作品の展開に仕掛けがあることが明らかになる。次第に、歩み寄りたい気持ちが生じてくるのだが、行動に表せない「ぼく」。逆に、歩み寄りたい気持ちは一貫していて、その気持ちを伝えるためにおどけたり、にらんだりといった変化のある行動をとる父親。両者のこのような隔たりのある関係を押さえておく。それが「お父さんウィーク三日目」の読解につながっていく。

三日目は以下に示す通り二人が和解し、良好な関係に戻る。この場面は作品のクライマックスといえるだろう。
ぼくは「『でもカレーなの。いいからカレーなの。絶対にカレーなの。』／子どもみたいに大きな声で言い張った。／ほっぺたが急に熱くなった。」気持ちをはき出したのだ。そして「なんだかこっちまでうれしくなってきた。」とお父さんの気持ちを素直に受け止めている。さらに「『じゃあ、いただきまあす。』／口を大きく開けてカレーをほお張った。」と特製カレーを食べる。初日、二日目の食べ方とは大きく異なる。
一方のお父さんも「うれしそうに何度もうなず」き、「ずっとごきげん」に「一人でしゃべって」いて「『かぜも治っちゃったよ。』／と笑って、思いっきり大盛りにご飯をよそっ」ている。気持ちをストレートに行動で示している。

この部分の読解は初日、二日目の展開部分の読解をていねいに行っておくことで、より深まっていく。

ところでこの作品のポイントになるのは、題名にもあるようにカレーライスという食物である。作品中では「特製カレー」「大盛りのカレー」「ふつうのカレー」と、様々に表現されている。教材分析では、このような箇所に線を引いてみるとよい。

その中で取り上げるのは「特製カレー」である。お父さんウィーク初日には「あまったる」い「特製カレー」が、三日目には「ぼくたちの特製カレーは、ピリッとからくて、でも、ほんのりあまかった」となる。「甘口」から「中辛」のルーにかえることを通して、父親も子どもの成長を実感し、同時にぼく自身も気持ちに落ち着きを見出す。さらに父親が作っていた「特製カレー」を、父親と「ぼく」の二人で作るようになる。作品の終結部分にある「ぴりっとからくて、でも、ほんのりあまかった」を見すえながら、「甘口」から「中辛」に移る「特製カレー」を軸に読解を進めてもいいだろう。

最後に、この作品を扱う場合、父親不在の子どもへの配慮を忘れないようにしたい。

3　授業づくりの方法

以下、作品の展開部分といえる「お父さんウィーク」初日、二日目の場面の授業づくりについて述べる。

授業のねらいは次の二点である。

①「ぼく」の心情を読み取ることで、作品世界を共体験する。

②視点・繰り返し・対比といった分析手立てを用いて、「ぼく」とお父さんの関係の書かれ方の仕掛けを読み取る。

この授業は、前時までに作品の構造を学んでいることを前提とする。具体的には、一人称視点で描かれていること、父親に対する「ぼく」の心情表現を軸に読み進めること、この二点を確認する。

次のように説明して、発問する。

「お父さんウィーク」初日の場面を読みます。どこを読めばいいのだろう？前の時間までの授業で、この作品は「ぼく」とお父さんという二つの勢力のぶつかり合いや和解が描かれていることを学びましたね。したがって、初日の場面では、両者のよくない関係がわかるところを読めばいいですね。一人称で書かれた作品ですから、「ぼく」の心情が表現されているところに、まず線を引いてみましょう。

発問という形で、教師が読む箇所を指定している。大事なことは、その必然性を説明することである。「思いつき」で問うているのではない。なぜその箇所を読むのかという理由がわかれば、いずれ子どもたちは発問待ちの姿勢から、自分で問いながら読んでいくという積極的な読解姿勢に変容していく。

線を引く箇所は「⑴『ぼく』の心情と言動」の項で示した通りである。それ以外にも、例えば「何よりカレーのルウが、あまったるくてしかたない。」といった箇所に引く子もいるだろう。しかし、この箇所は父親との関係から生じた心情ではないので取り上げない。心情といえば、どこでも線が引けそうな気がする。だからこそ、条件設定を明確にすることが大切である。

線を引いたら、次に、その箇所を詳しく読んでいく。ここでは、父親の「で、どうだ。学校、最近おもしろいか。」に対する「ぼく」の心情が描かれている部分についての授業シミュレーションを示す。

ああ、もう、そんなのどうだっていいじゃん。言葉がもやもやとしてけむりみたいになって、むねの中にたまる。

教師　「ぼく」の心のうちを一言で表してみるとどうだろう？

子ども　無関心。

子ども　不愉快。

子ども　話しかけないでほしい。

教師　三つ出ましたね。違うな、と思うものはありますか？

子ども　「無関心」は違うと思います。「ぼく」は、本当はお父さんと話をしたいのだと思います。なぜなら、「最初の予定では、これでぼくもあやまれば仲直り完了。」と書いてあり、はやくあやまって話したいのだと思う。

子ども　賛成。関心はある。でもお父さんの話題が『で、どうだ。学校、最近おもしろいか。』という、なんて言うか、わざとらしい内容だから無関心のようにみえるだけだと思います。

子ども　反対。だって次の行に「知らん顔してカレーを食べ続けたら」と書いてあります。やっぱり無視だよ。

子ども　無視と無関心は違う。だから今の意見は正確ではないと思います。

子ども　「言葉がもやもやとしたけむりみたいに」と書いてあるので、何か言いたいんだと思う。けれど、それをうまく言えないでいる。

子ども　あやまっていないのだから、何を話してもぎくしゃくするんじゃないの。

子ども　「むねの中にたまる」ってストレスになる。だから「不愉快」という表現に私は賛成です。

お父さんの言動については、次のように問う。

教師　初日と二日目のお父さんの言動はずいぶん違うのですね。具体的にはどのように違うのですか？

子ども　初日はまだ余裕がある

教師　どこから、そう読めるのですか？

子ども　「ごきげんな顔で」と書いてあります。

教師　はい。その言葉と対比する言葉を見つけてごらん。

子ども　「ちょっとこわい顔」です。

教師　このように、対比という手立てで他の箇所を読むと、何か読めないかな？

子ども　「笑いながら」と「にらんできた」も対比表現になっている。

子ども　笑うとにらむでは正反対。お父さんはかなり腹がたっているんだと思う。

子ども　それに「ちょっとこわい顔」から「にらむ」に変わるのだから、ぼくの態度がよっぽど悪い。

子ども　ぼくは、いつも「だまったまま」といった無視の状態。でも心の中では悩んだり、迷ったりしている。

子ども　素直に行動に出さないから、お父さんはにらむんだよ。

子ども　でも、行動に出せない気持ち、よくわかります。

このように、線を引く作業から始め、対比という手立てを用いて分析し、読解を深める授業を組み立てていく。

4　物語「わにのおじいさんのたから物」（川崎　洋）
――学校図書・小学校三年

臺野　芳孝（千葉市立花見川第三小学校）

「わにのおじいさんのたから物」は、平成一二年度までは教科書に掲載されていたが、平成一三年度の改訂版では採択されなかった。それが、今回再び採択されたものである。

1　教材の概要

ある天気のいい日にぼうしをかぶったおにの子が川岸でねむっているわにに出会う。おにの子は、わにに声をかけたが年をとっていて動かないので、死んでいると思いほおの葉を時間をかけてかぶせてやる。

目覚めたわにには、自分を殺してたから物を取ろうとするやつから逃げてきたという。おにの子がたから物を知らないことを知ると、わにには、おにの子にたから物をあげようと決める。わにには、背中のしわの地図をおにの子にかき写させる。

おにの子は、地図を頼りに切り立つようながけにたどり着く。おにの子はそこで口では言えないほどの夕やけに目を丸くする。ぼうしをとって夕やけをたから物だと思う。その足元にたから物が埋まっているのも知らず、おにの子はいつまでも夕やけを見ていた。

2　教材の研究

(1)　全体を大まかにつかむ

授業を展開するにあたっては、子どもたちが自ら読みとりを進められるようにしていくことが大切である。そのためには、物語の流れを子どもたちが十分に把握し、その把握にもとづいて作品の中で是非読むべき箇所を自分たちの力で見つけられるように指導することが必要である。また、自分たちで見つけた読むべき箇所を、自分たちの力で読み解いていけるように、読み解くための手法を指導することも必要である。

そういった観点を重視しながら、以下教材の研究を提示していく。

まず、物語の全体を貫いている事件の流れを把握するには、登場する人物と人物、人物とそれに影響を及ぼす事象などの関係とその変化を明らかにすることが必要である。

それらの把握にはいろいろな方法があるが、特に「クライマックス」に着目するという方法は有効と言える。「クライマックスはどこか」という追究を行うことで、物語のさまざまな関係性とその変化がはっきりと見えてくる。同時に作品のテーマも少しずつ明らかになってくる。

クライマックスは、物語の最高潮である。人物と人物、人物とそれに影響を及ぼす事象などの関係に劇的な変化が訪れる箇所でもある。

次にあげるのは、「わにのおじいさんのたから物」の最後の場面である。

①そこに立った時、おにの子は、目を丸くしました。
②口で言えないほど美しい夕やけが、いっぱいに広がっていたのです。
③思わず、おにの子は、ぼうしを取りました。
④これがたから物なのだ——と、おにの子はうなずきました。
⑤ここは、世界じゅうでいちばんすてきな夕やけが見られる場所なんだ——と思いました。
⑥その立っている足もとに、たから物を入れた箱がうまっているのを、おにの子は知りません。
⑦おにの子は、いつまでも、夕やけを見ていました。

おにの子は「目を丸く」して「口では言えないほど美しい夕やけ」を見ている。「思わず」「ぼうしを取り」感動している様子である。さらに「世界じゅうでいちばんすてきな夕やけが見られる場所」を「たから物なのだ」とうなずくのである。まさに大団円である。
①〜③文は、おにの子が夕やけを見た状況と様子である。しかし、おにの子はたから物を手に入れたわけではない。④文になり「これがたから物なのだ」とおにの子はうなずく。⑤文で、おにの子にとって、未知の「たから物」とは、「世界じゅうでいちばんすてきな夕やけが見られる場所」だと納得しているのである。
この文章を、どこからの視点で書かれているかで考えてみる。①〜③文は、おにの子に寄り添った視点である。

④⑤文は、おにの子と同化して、おにの子の心情を述べている。⑥⑦文は、おにの子を客観視するような離れた目からの記述である。

おにの子からすれば、わにのおじいさんのたから物を手に入れた、たから物を自分の目で確かめたと思えるほどの、見事な夕やけを目の当たりにしたわけである。それは、いろいろな道を通り、迷いながら到達した苦労が報われるほどの美しさ、壮大さ、荘厳さであったろう。④⑤文が、おにの子と同化して述べられているために、読み手にとっては違和感なく、夕やけをたから物のように思うおにの子に共感する。

⑥文は、そのおにの子の感動に別の意味を与える。本当のたから物に気づいていないおにの子は、かわいそうであるとも言える。残念だということにもなる。が、同時に物としてのたから物に気づかないために、かえっておにの子は幸せなのだとも言える。

⑥文によって、わにのおじいさんが、命がけで守ってきたたから物をおにの子にあげようという思いは達成できないことが明らかとなる。「君の目でたしかめるといい」と、たから物についての情報を曖昧にしたままおにの子を発たせてしまったために起きたすれ違いである。その意味では不幸なクライマックスとも言える。

しかし、わにのおじいさんは、きっと今ごろおにの子は目を丸くしてたから物を手にしているだろうと思いながら「安心してあの世」に行こうとしているだろう。わにのおじいさんは、幸せに死を迎える可能性が高い。おにの子自身も、「世界じゅうでいちばんすてきな夕やけ」を見て幸せを感じている。その意味では幸せなクライマックスとも言える。

以上のようなさまざまな見方を導き出す部分であるが、ここではクライマックスを④～⑥文としておく。

物語の後話を想像すると、おにの子が育ち、立派なおにとしてたから物をいつか手に入れる可能性もあるし、たから物は永遠に失われるが、それでも幸せでいることができるのだという読みも可能である。このことが作品のテーマになっていると考えられる。

右のような読み取りによって、作品の中の特にどの部分に着目すればよいかが、少しずつ見えてくる。

(2)　人物の設定をよむ

「わにのおじいさんのたから物」に登場するのは、おにの子とわにのおじいさんの二人である。それぞれの登場人物について、比較・検討しながらその関係をよむとおもしろい。また、作品のもつさまざまな仕掛けが見えてくる。

a　ぼうしをかぶったおにの子について

「おに」といえば、牛の角に虎の皮のふんどしをつけ、金棒を持ち、怪力で悪さをするものである。赤・青・黒・黄色などいろいろな色がある。神通力をもち、あっという間に山々をかけることができる。また、災厄の原因であったり、地獄の番人であったり、閻魔大王の家来であったりする。酒盛りをし、歌や踊りが好きな面もある。

この物語では「おにの子」になっている。「子」にすることで、災厄や邪悪さ、怖さがない。身近な感じさえする。さらに「ぼうし」をかぶっているのである。「おにたのぼうし」にも「ぼうしをかぶったおにの子」が登場する。ぼうしをかぶるのは、おにであることを象徴する角を隠すのが第一義である。「おに」の寓意的概念の力・悪・恐怖を取り去ったあるいは弱めた存在である。人間の世界に紛れて、細々と生き延びている弱い存在という哀れささえ漂わせている。

「ももたろうが、おにから、たから物をそっくり持っていってしまってから」という記述は、お話好きの子どもにうったえる要素をもっている。「おに」が「悪」ではなく「ももたろう」が盗賊のように書かれているのも、「おに」の側に寄り添った物語にしようという作品の仕掛けが読み取れる。

b　わにのおじいさんについて

「わに」は爬虫類である。たくさんの鋭い牙で噛み付き、獲物を水中に引きずり込んで食べる凶暴な生き物だ。映画「類人猿ターザン」でも、ターザンが「わに」と格闘するシーンは印象的である。人間に脅威を与える生き物である。

ところが「ワニ」ではなく「わに」と平仮名表記をしていることで、どこか怖さが薄れた印象を持ってしまう。小学校教材なので「鰐」と漢字は使えないが、片仮名の「ワニ」より会話できそうな物語の登場人物になっている。

また「おじいさん」という言葉から、危険な感じがせず、凶暴性の衰えがイメージしやすい。やさしさや身近さ、経験をつんでいるなどのよいイメージもわいてくる。

冒頭に「へびもかえるも、土の中にもぐりました。」とある。冬であり、場所は温帯性気候の土地であろう。わには熱帯の動物であるから、活動が鈍りおとなしくなっていること、住みにくい土地に迷い込んでしまったことも想像しやすいだろう。

c 「おに」と「わに」の共通点と相違点について

「わに」と「おに」の一文字違い、音感から近い存在に感じられる。また、どちらも一般的には嫌われ者・悪役のイメージの人物であることが共通しているといえるだろう。

しかし、両者とも「悪さ」や「力」のイメージが弱くなった状態での人物設定であることが、さらに共通性を大きくしている。両者が会話し、わかりあうことも仕掛けとして面白い。「長い長い旅をして」きたわにと、やはり旅の途中であるおにの子の出会いであることも共通点といえるだろう。

次に相違点について考えてみる。「わに」というと、外国の生き物である。外国の「わに」と日本古来の「おに」の出会いとは面白い設定である。また、おじいさんと子どもという関係も二者の間に大きな相違点をつくっている。肯定的に見れば、お互いを尊重しあう関係になりそうであるが、否定的に考えると会話が通じないなどの不都合が生じる可能性も考えられる。

(3) 言い回しから物語をよむ

(2)では、主に人物像の設定について分析をしたが、ここでは表現方法の特徴に目をつけて新しくよみとれる人物の性格やその関係を読んでいく。特に修飾語や、倒置、繰り返し、引用、文末表現、色彩語、オノマトペなどに注目する。そのことを子どもたちに教え学ばせることで、子どもたちは読むべき箇所を自力で見つけられるようになる。ただし、はじめから右の表現方法の一つひとつを意識しながら読むのは、子どもたちにとっては難しい。そこで、見つけ方の観点としては、次の三点に絞り文を探し線を引いていく。

ア　面白いなぁ、へんだなぁと感じた語や文
イ　なくてもよいがあえて書いていると思う語や文
ウ　初めて起きたこと・したことが書いてある語や文

a　おにの子とわにの出会いについて

おにの子はまず「ねむっているわに」に出会う。「ねむっている」とわかっているのは話者である。「そうとう年をとっていて、鼻の頭からしっぽの先まで、しわしわくちゃくちゃ」なわにである。傍線の言葉はなくても意味が通じるが、おにの子の視線の動きやわにの大きさがイメージできる。傍線からは「しわくちゃ」を誇張した造語であることから、しわの多さ、深さ、どこもかしこもしわだらけの状態を述べている。「人間でいえば、百三十才くらいの感じ」からは実際にいないものに例えていることから、有り得ない様子、珍しさ、おにの子の想像を越えていることがわかる。

「死んでいるのかもしれない」と思ったおにの子は、『わにのおじいさん』／とよんで」みる。ここでおにの子がわにを起こそうとする。石を投げる、棒でつっ突くなどわにに対してだったらいろいろな方法があるが、親しげなアプローチである。おにの子が意外と礼儀正しく、いわゆる「おに」とは全く違った性格であることがわかる。しかし、わにに気軽に声をかけている。恐怖心や警戒感がないことでも「おに」なればこそとも言える。

「あ、おじいさんでなくて、おばあさんなのかもしれない」も面白い。死んでいるのかもしれないと思いつつ、性別の違いで返事をしてもらえないと考えるのん気さ。そして「ぴくりとも動」かないことから「死んだんだ」と断定してしまう短絡的な態度。

誰に対しても友好的で慇懃で恐れを知らないが、のん気で短絡的であまり賢くないおにの子の性格がよめる。

一方の、わにについても考えてみよう。「朝だったのが昼になり、やがて夕方近くなって」「ああ、いい気持ちだ」と目をあけるまで寝続けている。おそらくこの間もぴくりとも動かずにいたのであろう。よほど疲れていたか、長くくつろいでいたかである。わににも凶暴性や危険性は感じられない。

「君かい、葉っぱをこんなにたくさんかけてくれたのは」と、わにの言葉づかいは少し気取った感じがする。また、この言葉には倒置法が使われていて、わにがおにの子に深く注目していることがわかる。そして、おにの子に感謝している。さらに、おにの子は帽子をかぶっているのであるから人間と勘違いしていると思われる。襲いかかろうという気配が全然ないことも、わにの性格が凶暴ではないと分かる。

「遠い所から、長い長い旅をして」「ここまで来れば安心だ」と何者からか必死で逃げて来たことを、「…ね」「…さ」という気取った言い方で説明をしている。「わしをころして」「たから物を取ろうとするやつ」の存在さえ軽い調子で話している。わにの人生の波乱万丈さと、わにの強さを何気なく知らせている。

b　たから物をめぐる二人のすれ違いについて

両者は行動や会話を通してどんどん近づいていく。しかし、「たから物」の話題になると全くかみ合わない。わには、命がけでたから物を取られないように逃げてきたが、おにの子は「たから物という言葉さえ」知らないのである。一般的には鬼とたから物の関係の方が、わにとたから物の関係より深いと考えやすい。物語の設定はこの反対である。「わにのおじいさんのたから物」はいわゆる「たから物」なのかは、やや怪しい感じもする。「とんとむかしのそのまたむかし、ももたろうが、おにから、たから物をそっくり持っていってしまってから」という説明で、何百年もたから物と無関係な存在であることを強調している。おにの視点で考えると、桃太郎にたから物を奪われた立場という昔話の別解釈になるのも面白い。わにの言う「たから物」と話者の言う「たから物」は、同じ物ではない可能性があるということである。

わにはなぜおにの子にたから物をあげようと思ったのだろうか。「たから物」のためにわにを殺そうとする追っ手にだけは「たから物」を渡したくない。「たから物」を知らないで親切にしてくれたおにの子に託してみたくなったか。自分が死ぬことを感じ、「たから物」が失われたままになってしまうのを避けたかったのか。純粋で、欲のないおにの子が、初めて「たから物」を見たらどんな顔をするだろうかと、プレゼントをあげる気分だったか。

c　おにの子の神通力について

時間の経過をたどっていくと、物語にやや無理がある。夕方近くまでほおの木の葉をわににかけていたおにの子は、それからわにと会話を始める。その後しわ地図を紙に写して、たから物を探しに行く。

「おにの子は、地図を見ながら、とうげをこえ、けもの道を横切り、つり橋をわたり、谷川にそって上り、岩あなをくぐりぬけ、森の中で何度も道にまよいそうになりながら、やっと、地図の×印の場所にたどり着」く。句点が連続することで、この移動が一連の流れで行われたことがわかる。ここまで、一日で移動したのだろうか。そうだとすれば、おにの子の移動は神通力としか言いようがない。そして、夕やけを見るのである。

主人公がおにの子である必然性がこの時間の経過からもよみとれるだろう。

3 授業づくりの方法

三年生の子どもたちにとっては、読みやすく楽しい作品である。何回読んでも楽しいので、深く内容を読む前に、覚えてしまうくらい音読や黙読をさせたい。

三年生の子どもたちには、「おに」と「わに」を検討するだけで、たくさんの読みがあることを経験するだけでも学習として十分である。しかし、「できれば、自分の力で読んでみよう」という意欲につながることが大切である。

実際には、詳しく読んでいくのは難しい。「繰り返されていることは?」「こんな場面、君たちならどうする?」「この文の中に、面白い書かれ方をしているところがあるけどわかるかな?」「前によんだこととつなげて考えて」など助言をし、教師が思考の方向性をていねいに示してやることが大切である。

そのためには、まずは教師が自問自答しながら、教材分析をすることが大切である。その分析が深く豊かであれば、助言の出し方などがはっきりするのである。

5 物語「ひっこして　きた　みさ」（あんどうみきお）
——教育出版・小学校二年

永橋和行（東京都町田市立小山田南小学校）

1 教材の概要

北海道から東京に引っ越してきたばかりで友達もいないみさ。「つまんないな。どうして、てんきんなんかあるのかな。」そう言って団地の中を歩いていると、北海道に残してきた愛犬のトチとそっくりの犬に会う。それは団地のすぐそばの農家の子、しんやくんの犬のシロだった。みさが「おまえの　おうち、どこなの。まい子なの。まい子ふだ、もって　ないの。」とシロを抱き上げて話しかけていると、しんやくんがやって来て、「シロを、どこへ　つれて　いくんだ。どろぼう。」と言う。そこから二人の言い合いが始まる。

二人はしばらく言い合いを続け怖い顔をしてにらみ合うが、シロがさかんに二人の足にからみついてくるので、二人は照れくさそうに顔を見合わせる。ゆっくり話してみると、しんやくんはみさがこれから通う学校の同じ二年生だったのだ。そしてシロを通しながら二人の心が打ち解けていき、みさも新しい生活に慣れていく——という物語である。

2 教材の分析

(1) 構造を読む

物語りをよりよく読むためにはさまざまな方法があるが、その中で最も優れたものの一つとして、はじめにその構造を把握するという方法が挙げられる。構造把握のためには、物語の「発端」と「クライマックス」に着目することが有効である。「発端」は、物語の導入部分が終わって、事件が動き出す部分である。通常、物語の事件は、人物相互の関係性によって成立しているが、その関係性が動き始めることになる。「クライマックス」は、最高潮などとも言われるが、そこでその人物相互の関係性が決定的な状態になったり、大きく転換したりする。

発端　事件（筋）が始まるところ。人物どうしの関係が見えるところ（二つの勢力がぶつかるところ）。

クライマックス　最も大きく事件（筋）が転換するところ。二つの勢力の関係が最も大きく転換するところ（主題の読み取りにつながる）。

この物語の発端は、「つまんないな。」である。理由はここで初めてみさがしんやくんの犬のシロと出会うからである。そしてこの後しんやくんとも出会い、シロを通しながら二人の関係が発展、深化していくからである。なお、もう少し後の、「その時でした。／「こら。」／と一人の男の子が、ものすごい　いきおいで　かけてきて、みさの　前に　立ちはだかりました。」も発端として考えられるが、やはり犬のシロと出会ったからこそ、しんやくんとも出会う。したがって発端は「つまんないな。」である。

クライマックスは、「う、うん。おまえは、トチじゃ　なくて、シロだもんねえ。」である。敵対的であったみさとしんやくんの関係がここで大きく転換し、しんやくんがみさを、みさがしんやくんを認めたところだからである。つまりしんやくんがシロのことをトチでもいいと認め、みさもトチではなくシロだと認め、シロを通してお互いの見方が変わる。ここで二人は仲良くなり、みさのつまらなかった生活が変わっていくのである。なおこの前の「シロじゃ　なくて、トチでも　いいよ。」もクライマックスと考えていいが、主人物はみさであるということで「う、うん。おまえは、トチじゃ　なくて、シロだもんねえ。」と考えた。

このようにして作品の構造を読み取ることによって次のような力がつくようになる。

ア　作品全体の構造（事件の流れ）が分かる。

イ　構造の把握によって、人物相互の関係性やその結節点が見えてくるので、作品の中のどこをこそ読めばいいのかということがはっきりする。

ウ　発端やクライマックスはどこかと一つに絞り込む授業過程において、討論・論争の授業が必然的に起き、討論をする力が身に付く。

エ　文学作品の読み取りだけではなく、現実の事件・事象を構成する諸勢力・諸性格を読み解く力となり、事件・事象に知的に立ち向かう力も生まれてくる。つまり構造よみの力は、「生きる力」につながる。

(2) 形象を読む

物語の形象は、言うまでもなく作品冒頭の一語一文から作品末尾の一語一文までの、すべての部分から読むことができる。しかし、作品の中で比較的強く物語の展開を支えている部分と比較的そうでない部分があることも、事実である。その比較的強く物語の展開をさせている部分を発見することも、読む力をつける上では大切なことである。

比較的強く物語の展開を支えている部分を発見させていく授業過程を「線引き」と私たちは呼んでいるが、その線引きの指標を次の四つに絞って私は指導している。「線引き」は、さきほどの構造把握が有効にできていれば、より容易となる。

① 人物どおしの関係が特に変化・発展した部分　　［事件の発展］

② 人物が行動したり、発言したりする中で、その見方や考え方を変えている部分　　［人物の発展］

③ それまで見えていなかった人物像が、急に見えてくる部分　　［人物の新しい性格］

④ 文学作品特有の表現（普通と違う書かれ方）がされている部分　　［文学的表現］

ここでは事件が変化したり展開したりするところに着目（線引き）しながら、みさとしんやくんのお互いの見方の変化（人物像の変化）を二年生の子どもと読み取っていきたい。そのために発端以降で形象性の高い語句や文を次に示し、その教材分析を示す。

まず、「その　時、だんちの　はずれから、一ぴきの白い　子犬が　ころころ　かけ出して　くるのが　見えました。」というところでトチに似た子犬のシロと初めて出会う。北海道に残してきたトチと同じ（そっくりの）白い子犬だったのでうれしかったのである。また、「ころころ」と転がるような表現からは、子犬のいかにもかわいい感じを読み取ることができる。さらに「『あっ、トチ。』／みさは　はしりよりました。」からは、もちろんトチがいるはずはないことは分かっているが、でもつい「トチ」と叫んでその犬に寄り添ってしまうみさが読める。それだけトチのことを大好きで忘れることができなかったのである。さらに子犬を抱き上げてみると、トチと同じように小さなしっぽを細かく振って、みさの顔をなめてくるのでトチのように思い、ますますかわいく感じる。

ところで実際にしんやくんに出会うのは、「『こら。』／と、一人の男の子が、ものすごい　いきおいでかけてきて、みさの　前に　立ちはだかりました。」のところである。最初の出会いは敵対的な出会いであった。ものすごい勢いで駆けてきたのだからよほど慌てていたのであろう。シロを連れ去られるか何か悪いことをされると思ったのかもしれない。だからみさの前に立ちはだかったのである。絶対にシロを渡さないぞ、守るぞという強い決意が読み取れる。

二人が言い争いを続けていたとき、「その　時、子犬が　ワンワン　ほえながら、二人の　足もとを　かけまわりはじめました。」と子犬がいかにも仲裁に入るような形で登場する。シロは自分のことで、二人が言い合いやけんかを始めたので何とか止めたかったのもしれない。いやもっと言うと、二人に仲良くしてもらいたかったのかもしれない。それともけんかなんかしないで、もっと僕（シロ）のことを見てほしいというアピールだったかもしれない。いずれにしても子犬のシロが二人のけんかの雰囲気を和ませた。シロを介して二人の仲が進展していくのである。

そして、「二人は子犬から　目を　はなして、てれくさそうに　かおを　見あわせました。」というところで、シロの存在をすっかり忘れていた二人は、やっと我に返る。このままけんかを続けていたら、シロのしっぽを踏みつけたり、おなかを蹴飛ばしたりして、結局シロが一番悲しむことに二人はやっと気づいたのである。つまり自分たちの愚かさにやっと気づいたと言える。シロのおかげで二人の距離が近づいたのである。

さらに、「みさは、ひっこしの　こと、ひろくんのこと、トチのことなどを　話しました。」とお互いのことをかなり詳しく話す。お互いにうち解けたからこそみさは自分やトチのことを話したのである。さらにしんやくんの家が農家であることや、これから通う学校の同級生だということもわかり、よけいに親密感を感じる。それにしても初めて会った男の子にどうして引っ越ししたことやひろくんのことまで話したのだろうか。それは、ただ単に打ち解けたというだけではなく、しんやくんのことを、同じ子犬を飼っている仲間と感じたかもしれないし、しんやくんが北海道のひろくんと重なって見えたのかもしれないからである。

そしてクライマックスの、「シロじゃ　なくて、トチでも　いいよ。」「う、うん。おまえは、トチじゃ　なくて、シロだもんねえ。」のところで、しんやくんはトチのことを認めた。つまりトチもシロと同じようにみさに大切にされている子犬であることがわかったのである。そしてそのトチを飼っていたみさのことも認めたということになる。さらに、みさもトチではなくてシロであるということを認めた。つまりしんやくんにとっては、トチと同じくらいシロも大切であるということが、みさは分かったのである。つまり、ここでしんやくんのみさに対する見方、みさのしんやくんに対する見方が大きく変わる。言いかえれば、敵対的な関係から仲良しの関係への転換である。こうしてしんやくんやシロに慣れただけでなく、北海道から東京に引っ越してきてつまらなかったみさの生活が楽しい毎日に変わっていくのである。

(3)　主題をよむ

この物語の主題は、クライマックスの読み取りからも分かるように《敵対的に出会ったみさとしんやくんであったが、子犬のシロを通してお互いのことを理解し、認め合いながらお互いの見方が変化していく。そうしてみさは楽しい生活を送り、新しい東京の環境にとけ込んでいく。》である。ただこの物語は低学年の教材であるため、授業の中では主題を読むということをはっきりねらいにした授業は難しいと思う。クライマックスを中心とした読み取りの中で、結果として主題が見えてくるような授業を展開したい。

3　授業づくりの方法

本来の物語の読み取りの授業では、2の(2)で示した①～④指標で読むべき箇所を子どもが自分で探し（線引きし）、形象を読み取っていく。しかし、この物語は低学年の教材であるので、ここでは教師が読むべき箇所を示し、子どもと一緒に豊かに形象を読み取っていくかたちの授業シミュレーションを示してみたい（四角囲みの教材文は板書しておく）。

「こら。」／と、一人の　男の子が、ものすごい　いきおいで　かけてきて、みさの　前に　立ちはだかりました。

教師　男の子はどんなようすですか？
子ども　「こら。」って言っているから怒っている。
子ども　とっても慌てている。だってものすごい勢いで駆けてきたって書いてあるから。
教師　どうして怒ったり慌てたりしているのですか？
子ども　自分の犬を連れて行かれると思ったから。
子ども　みさが自分の犬のように仲良くしていたので心配だったから。
教師　男の子が「シロを絶対にみさに渡さないぞ。」ということが分かるのはどこですか？
子ども　「みさの前に立ちはだかりました。」だと思う。
教師　「立ちはだかりました。」と「立ちました。」とではどう違いますか？
子ども　「立ちはだかりました。」の方がなんか自分の犬を絶対渡さないぞという気持ちが強いように感じる。
教師　男の子とみさはここで初めて出会ったんだけど、二人はどんな様子ですか？
子ども　仲がよくない感じがする。
子ども　けんかしているみたいに見える。
教師　あまりいい出会いではなかったんですね。これから二人の仲はどうなっていくんだろうね。

二人は、子犬から　目を　はなして、てれくさそうにかおを　見あわせました。

教師　二人はどんな様子ですか？
子ども　なんか仲がいい。だって顔を見合わせているから。
子ども　照れくさそうにと書いてあるから、きっと恥ずかしかったんだと思う。
教師　どうして恥ずかしかったんだろうね？
子ども　けんかしていたのに顔を見合わせたから。
子ども　シロが二人の足にからみついてきたので、シロを踏んだら危ないし、けんかしているのがバカらしく思えたから。
教師　この時のみさとしんやくんはどんな様子ですか？
子ども　顔を見合わせたんだから、もうけんかはしていないと思う。
子ども　照れくさそうにと書いてあるから、ちょっと恥ずかしくて少しはけんかがなくなっている感じがする。
教師　初めて出会ったときに比べて、二人の仲はどうなってきていますか。

子ども　ちょっと仲がよくなってきた。

「シロじゃ　なくて、トチでも　いいよ。」
「う、うん。おまえは、トチじゃ　なくて、シロだもんねえ。」

教師　ここで、しんやくんはみさのことをどう思ったのでしょうか？

子ども　「シロじゃなくてトチでもいいよ。」と言っているので、みさの話を聞いてトチと呼んでもいいと思ったんだと思う。

教師　どうしてシロのことをトチと呼んでもいいと思ったのかなあ。

子ども　みさの話を聞いてトチもシロと同じくらい、かわいくて大切にされているということが分かったから。

教師　しんやくんが大切だと分かったのはトチのことだけ？

子ども　トチのことを大切にしているみさも大切。

教師　トチとみさの両方とも大切だと、ここではっきりと認めたんだね。

教師　それでは、みさはしんやくんのことをどう思ったのでしょうか？

子ども　「う、うん。」とはっきりしない返事だから、きっとうれしい気持ちと、トチと呼んでいいのかなという気持ちと両方入っていると思う。

子ども　でもその後に、「おまえはトチじゃなくて、シロだもんね。」と書いてあるから、みさもやっぱりシロはシロだと思ったんだと思う。

教師　シロはシロだというのは、どういうことですか？

子ども　トチと呼んでいいといわれたことはうれしいけど、目の前にいるのはやっぱりシロだということは分かっているからシロと認めないわけにはいかないから。

教師　ということは、みさもシロとしんやくんのことをここではっきりと大切だということが分かったんですね。

教師　今まで読み取ったことをまとめると、二人の様子はどう変わったということになりますか？

子ども　初めて会ったときは、シロのことでけんかになったけれど、だんだん話しているうちにお互いの気持ちが分かってきて、認め合うというかけんかをやめて仲良くなった。

子ども　ただ仲がよくなっただけではなくて、二人のことやシロとトチのこともよくわかるようになって、お互いに大切に思うようになった。

教師　二人の努力だけですか？

子ども　シロのおかげもある。

子ども　シロが二人のけんかをやめさせて仲良くさせた。

教師　シロを通して二人の仲がよくなっただけではなく、お互いのことがよく分かり、つまらない毎日が楽しくなったかもしれないね。

6　説明的文章「言葉の意味を追って」
――東京書籍・小学校六年

岩崎成寿（立命館宇治中学校・高等学校）

1　教材の概要

本教材は、『プロジェクトX挑戦者たち10　夢遥か、決戦への秘策』（NHKライブラリー、二〇〇四年）所収の文章を、小学校六年生向けにリライトしたものと推測される。これは、二〇〇一年六月一九日放送のNHK番組「プロジェクトX挑戦者たち―父と息子　執念燃ゆ　大辞典～三〇年・空前の言葉探し」を再構成し文章化したものである。

筆者名が明記されていないところから、本教材は編集部による責任編集であると考えられる。

教材全文の概要（要約）は、次の通りである。

二十万をこえる見出し語を収録する「広辞苑」は、国語辞典の働きと百科事典としての働きとをあわせ持った辞典であり、二十五年の歳月をかけて完成した。では、「広辞苑」はどのようにして作られたのか。見出し語の数が多いのはどうしてか。

「広辞苑」は新村出《しんむらいずる》・猛《たけし》親子の二人三脚によって生まれた。一九三五年に出が編集・出版した「辞苑」（「広辞苑」の前身となる辞典）の改訂作業に息子猛が加わり、一九四二年に原こうが完成した。しかし、一九四五年、活字組み版が空しゅうによって灰になり、結局「辞苑」の改訂版は出版されなかった。

一九四八年、残された校正刷りを原こうとして辞書作りが再開されたが、現代かなづかいや新語の誕生という大きな問題がたちはだかった。一九五三年、ぼう大な言葉集めと言葉の説明のぎん味を終えて原こうが完成したが、戦時色の影響と専門用語の難しさの指摘に加え、基礎語の説明の書き直しの課題が生じた。そして、一九五五年、出が「辞苑」の編集に取り組んでから二十五年の歳月をかけ「広辞苑」は出版された。その後、数度の改訂を経て、「広辞苑」は現在第五版をむかえた。言葉の意味を追う仕事に終わりはない。

概要を見れば分かるとおり、この文章はおおむね時間の順序に従った記録文的な叙述を特徴としている。そこで本稿では、記録文的要素をもつ文章の構造を読みとる指導に焦点を当て、教材分析と授業展開の方法について提案したい。

2　教材の分析

(1)　文種は説明文か記録文か

阿部昇は、説明的文章を「説明文」と「論説文」とに二大分類し、次のように指摘している。

「説明文」は、社会のなかで真としてほぼ認められていること、あるいは研究・学問分野で定説として認められていることを、それをまだ知らない人たちに向かって説き明かした文章である。一方、「論説文」は、社会のなかでまだ見解が定まっていないこと、研究・学問分野で定説とはなっていないこと（仮説）を、多くの人たちに説得的に論証しつつ述べていった文章である。（柴田義松・阿部昇・鶴田清司編著『あたらしい国語科指導法（改訂版）』学文社、二〇〇五年）

その上で、阿部は「前者（「説明文」を指す――引用者注）には、『報告文』『観察文』『記録文』等が含まれる」と述べている。ここで言う「記録文」とは、ことがらを時間の順序にしたがって叙述するタイプの文章のことである。ただし、時間の順序という論理のみを用いて書かれた文章は現実にはほとんどなく、多くは時間の順序以外の論理を援用して書かれた文章になっている。その意味では、「記録文」を「説明文」の中に位置づける阿部の分類もうなずける。

本教材も、記録文的要素を持った説明文であると定義できる。その理由は次の通りである。

① 5段落に「では、この『広辞苑』はどのようにして作られたのだろうか。見出し語の数がこれほど多いのはどうしてだろうか。」という〈問い〉があることからわかるように、この文章には「『広辞苑』が出版されるまでの経緯」と「見出し語の数が多い理由」とを説き明かそうとする筆

者の構えが読みとれる。

② 本文は、おおむね時間の順序に沿って記述されている。特に、本文2と本文3の関係は概括的に見れば記録文的である。しかし、本文1や大枠は説明文として書かれている。しかも、前文は明らかに説明文である。だから、説明文という大枠の中に、記録文的要素が含まれていると読むべきである。

以上のことは、この文章の構造を読みとる過程で明らかとなっていく。

(2) この教材で教える教科内容

説明的文章の構造を読む力とは、文章を前文・本文・後文の三部構成で把握し、文章全体の論理の流れを俯瞰できる力であると定義できる。その際、次のスキルを教科内容として教える。

① 次の指標で前文・本文・後文を明らかにできる。

ア 前文には、「〈問い〉の提示」「導入」のいずれかの役割がある。

イ 本文には、「〈答え〉の提示」と「解説」の役割がある。

ウ 後文には、「〈答え〉の再確認・まとめ」「発展的な〈答え〉」「付け足し・感想」のいずれかの役割がある。

なお、〈問い〉が省略されている文章の場合は、前文がない（題名に〈問い〉の役割を負わせていることもある）か、導入の役割だけの前文かのどちらかとする。

② 内容のまとまりを目安に本文を分割できる。本文を内容によっていくつかに分割し、「本文1・本文2……」とする。

③ 明らかとなった「前文」「本文1・2……」「後文」の内容を大まかに把握し、小見出しをつける。

構造を読みとらせる指導の意義は次の通りである。

第一に、指導体系上の意義である。明らかにされた文章構造の各部（前文・本文・後文）は、その後に段落同士の論理を読むための基本単位となる。

第二に、「形式段落・意味段落」という従来の方法との違いである。国語教育界では、説明的文章の読解において、「形式段落・意味段落」という概念が用いられることが多い。しかし、「意味段落」は、それを区切る客観的な基準が明らかでないため、子どもが自力で文章を読むときに何を指標に区切るのかが曖昧である。それらの方法では、子どもに「自力としての読みの力」をつけることは覚束ない。一方、「前文・本文・後文」というモノサ

前文		[1]—[5]	「広辞苑」はどのようにして作られたのか。見出し語の数が多いのはなぜか。[問い]
本文	1	[6]	新村親子によって生まれた「広辞苑」
	2	[7]—[11]	戦前、「辞苑」改訂版出版の挫折
	3	[12]—[22]	戦後、「広辞苑」完成に至る経過
後文		[23]—[26]	「広辞苑」のその後 [付け足し・感想]

シは、「意味段落」の考え方をふまえつつ、より客観的な指標を適用した方法であり、子どもが自力で文章を読むときの力になるのである。

第三に、文章の枠組みをとらえる力をつけることである。文章構造を明らかにすることによって、論理展開の方向性、論理の最も大きな流れを俯瞰し、その文章の論理展開の特徴を把握することができる。この力は、論理的な文章を書く時の骨子作成でも大きな力となる。

(3) 文章構造を読みとる

a 前文はどこまでか

まず〈問い〉がどこにあるかを見つける。

[4] ここに一冊の辞典がある。名前は「広辞苑」。みなさんが使っている国語辞典と比べてみよう。その厚さと、見出し語の数の多さにおどろくことだろう。小学生用の国語辞典の見出し語は、二万五千語程度である。しかし、「広辞苑」には二十万をこえる見出し語が収録されており、しかも、その一つ一つに的確な言葉の意味と用例とが記されているのである。「広辞苑」は、国語辞典の働きと百科事典としての働きとをあわせ持った辞典であり、実に二十五年という歳月をかけて完成したのである。

[5] では、この「広辞苑」はどのようにして作られたのだろうか。見出し語の数がこれほど多いのはどうしてだろうか。

（[4][5]は岩崎が付けた。以下同じ。）

つまり、[4]段落で「国語辞典の働きと百科事典としての働きとをあわせ持った辞典」としての「広辞苑」の特徴と、

「二十五年という歳月をかけて完成した」事実を示した上で、5段落で「どのようにして作られたのだろうか」「見出し語の数がこれほど多いのはどうしてだろうか」と二つの〈問い〉を提示しているのである。

したがって、ここまでが前文であると読める。

b　本文はどこまでか（後文はどこか）

説明的文章では〈問い〉に対する〈答え〉がどこに書かれているかを見つけることで、本文と後文の区切りが見えてくることが多い。

この文章では、一つ目としてまず「どのようにして作られたのだろうか」と「広辞苑」制作の経緯を問うている。しかも、本文はほぼ時間の順序で記録文的な書かれ方になっている。したがって、〈答え〉はどこか特定の段落にあるのではなく、ある程度の長さを持った段落のまとまりがあるはずである。そう見てくると、「実に二十五年の歳月をかけて「広辞苑」は完成したのである。」と書かれている22段落までの本文全体が、〈答え〉にあたると読めてくる。次の23段落は、「時代とともに新しい言葉は次々に生まれ、そして消えていく。」と〈問い〉からはずれた一般的な内容に変わっており、それ以降は「広辞苑」改訂に関する話題が続くので、23段落からを「まとめ」ではなく、「付け足し・感想」の役割をもつ後文と読んだ。

また、二つ目に「見出し語の数がこれほど多いのはどうしてだろうか」と編集の理由を問いかけている。では、この〈問い〉に対する〈答え〉はどこに書かれているのか。

まず、そもそも「広辞苑」の前身である「辞苑」の制作意図にその理由がある。

> 7　一九三五年、まず、父出が約五年をかけて編集した「辞苑」が出版された。「広辞苑」の前身となる辞典である。「辞苑」には、「サーヴィス」や「アインシュタイン」など、当時の新しい言葉や人名が多数盛りこまれていた。それまでの言葉の研究の成果をふまえた国語項目に加えて、百科項目、つまり科学や歴史など、さまざまな分野の最新の用語が、いっぱんの人たちにも分かりやすく解説されていたので、この辞典は好評を博した。「辞苑」には、一部の人にだけではなく、最多数のいろいろな目的を持つ人に役立つものをという、出の辞典作りにかける願いが結しょうしていた。

8段落には「十六万もの言葉を取り上げ」たと書かれている。また、別の視点から次のように書かれている。

15 もう一つは、終戦後の社会の急激な変化にともなって、「ジャンパー」や「ナイター」など、新しい言葉があふれるように誕生したことである。戦前にちく積した言葉だけでは、とうてい対応できない状きょうになっていた。この辞典が、言葉の手本を示す国語辞典としての働きと、百科事典としての働きとをあわせ持つことを目指す以上、新しい言葉を入れないわけにはいかない。

16 スタッフは、さっそく、言葉探しに取りかかった。新聞や雑誌から、また日々の暮らしの中から新しい言葉を書き留め、検討し合った。そして、百科項目に、新たに二万語を加えることを目標として定めた。

以上の記述を要約すれば、「見出し語の数がこれほど多いのはどうしてだろうか」との〈問い〉に対する〈答え〉は、「最多数のいろいろな目的を持つ人に役立つ辞書にしたいと編集者が考えたから」という編集目的によるもの、「終戦後の社会の急激な変化にともなって新しい言葉が誕生したから」という社会情勢によるものとまとめられる。

c　本文はいくつに分割できるか

7段落以降、ほぼ時間の順序で書かれている中で、6段落だけが編者の紹介となっており、時間の順序で書かれていない。よって、6段落を「本文1」とする。

6 「広辞苑」は、一組の学者親子の二人三脚によって生まれた。父の新村出は国語学者であり言語学者でもある。子猛はフランス文学者である。

それ以降は、戦前・戦後という時間的な区切り、辞典作りの挫折から再開という運動的な区切りによって、7段落から11段落までと、12段落から22段落までとに分割できる。

11 結局、「辞苑」の改訂版は出版されなかった。一九四五年、印刷を待つばかりになっていた二千四百ページ分の活字組み版が、空しゅうによって灰になってしまったのである。

12 せめてもの救いは、京都に住む出のもとに、校正刷りが保管されていたことだ。これを原こうとして手を加えていけば、出版ができる。辞典作りが再開されたのは、戦争が終わった三年後、一九四八年になってからのことであった。

よって、7～11段落を「本文2」、12～22段落を「本文

3」と読み取った。

3　授業づくりの方法

前項の教材分析をふまえて、説明的文章の構造を読む力をつけさせる授業のための指導言（発問・助言）計画を提案する。まず、次の指導言を最初に提示する。

> この文章を、前文・本文・後文の三部構造で読みとりなさい。

その上で、班で話し合わせ、発表させる。出された意見を全て板書した上で、「前文はどこまでか」「本文はどこまでか」「本文はいくつに分けられるか」の順で班の話し合いと班同士の討論を仕組む。その際、「なぜそう言えるのか」を必ず言わせ、文中の言葉を根拠として挙げるように指示することでかみ合った討論が可能となる。

> 前文はどこまでですか。それはなぜですか。

最初は、この発問だけでは生徒は考えが整理できないかもしれない。そのため、いくつかの助言を用意しておく。それは、読みのスキルを教える助言でもあり、助言に促された生徒の思考過程がそのまま教科内容の学習にもなる。

> 前文は〈問い〉が書かれている部分であり、その〈問い〉を受けた検討が始まる部分が本文と言えます。では、〈問い〉はどこにありますか。

〈問い〉の発見は比較的容易である。ただし、この文章には二つの〈問い〉があるので、両方とも指摘させておく。

次に、「本文はどこまでか」を読みとる。二つの〈問い〉がそれぞれ何を問うているのかを明確にする。

> 本文は、〈問い〉に対する〈答え〉とその詳しい説明が書かれている部分です。二つの〈問い〉は、それぞれ何を明らかにしようとしていますか。

一つ目は「作られた経過」、二つ目は「見出し語の数が多い理由」とまとめられる。その上で、次の発問を投げかける。

> それぞれの〈問い〉に対応する〈答え〉はどこに書かれていますか。

[22]段落に「『広辞苑』はようやく出版された」「『広辞苑』は完成した」とあり、[23]段落からはその後の改訂の話が書かれていることが読みとれれば、一つ目の〈答え〉が[22]段落までであることは比較的容易にわかるだろう。一方、「見出し語の数が多い理由」は本文をさらに詳しく読まなければ指摘できないので、構造を読む段階では省略し、後に考えさせても構わない。

最後に、本文の分割である。

本文はいくつに、どこで分けられますか。

本文の分割は、やや難しいであろう。そこで、この文章がもつ記録文的傾向に気づかせることが必要である。

この文章の書かれ方にはどういう特徴がありますか。

「記録文的」という言葉を使うか否かは別として、「全体として時間の順序で書かれている」ことには気づかせたい。同時に、「時間の順序になっていない」箇所がわかれば、本文1と本文2・3との関係が見えて来る。本文2と3との区別は、「時間の順序」を基準に考えればわかりやすい。読みとりが困難な場合は次の助言を打つ。

「広辞苑」完成までの経過の中で一番大きな区切りはどこにありますか。

最後に、明らかとなった「前文」「本文1～3」「後文」の内容を大まかに把握させ、小見出しを考えさせる。字数は特に指定しないが、一〇～二〇字程度と指定した方がよいだろう。

4 おわりに

説明的文章の授業としては、構造を読みとった後に、段落相互・文相互の論理関係を読みとり、要約文・要旨文を作成する指導、文章の内容や論理を吟味（評価・批判）する指導、吟味をふまえて文章をリライト（書き直し）させたり、意見文を書かせたりする「書き」の指導などが構想できる。配当時間や生徒の指導段階にもよるが、時間がなければ構造を読みとる指導だけで終わってもよい。大切なことは、子どもたちに文章を読みとる力をつけることである。そのためにも、構造を読むスキルを教科内容として意識的に教えることが肝要である。

7　説明的文章「サクラソウとトラマルハナバチ」（鷲谷いづみ）
――光村図書・小学校五年

加藤郁夫（大阪樟蔭女子大学）

1　教材の概要

本教材は、一〇の段落で構成されている。

1段落でサクラソウの紹介をし、それが「だんだんそのすがたが少なくなってきました」と述べている。「人間が世話をしている所もありますが、そこでは、なぜか花がさいてもタネが実らない」という。「このままでは、絶滅が心配され」るが、「どうして、こんなことになってしまったのでしょう」と問題提示をしている。

2段落で「なぜタネができないかをさぐるために、サクラソウの受粉の仕組みを考えてみましょう」と述べ、「サクラソウの場合、この花粉を運ぶ大切な役わりを、トラマルハナバチという虫が果たしています」という。

3～6段落でサクラソウは、他の花より少し早くさき、深い所にみつをためる。「トラマルハナバチは、そのようなサクラソウに合ったくらし方や体のつくりをして」おり、サクラソウはトラマルハナバチにみつを与え、その代わりに受粉を手伝ってもらう。つまり「おたがいぴったりの、よい協力者となっている」と述べる。

次に7段落で、サクラソウの「タネが実らなくなった所では、このトラマルハナバチがすがたを消していました」と述べ、「なぜいなくなったのでしょう」と問題を投げかける。「そのひみつは、トラマルハナバチの一年間の生活にかくされてい」ることを示し、その生活を8段落で詳しく説明する。そして、9・10段落で次のようにまとめている。

9　このように、トラマルハナバチは、春から秋まで、いろいろな植物の花がとぎれることなくさき続ける場所でないと、家族を養い、子孫を残すことができません。また、使い古しの巣あなを残してくれるネズミがいることも必要です。サクラソウだけが、人間に世話をされて花をさかせても、その周辺が牧場や畑やゴルフ場に変わり、他の花々がなくなって、ネズミもすめないような所では、トラマルハナバチは生きていけないのです。

[10] サクラソウがタネを実らせるためには、トラマルハナバチがいなければなりません。トラマルハナバチが生きていくためには、サクラソウはもちろん、その他の花々、またネズミがいなければなりません。このように、生き物はみなつながり合っているのです。つまり、サクラソウを絶滅から守るためには、サクラソウだけを保護するのでは不十分です。おたがいにつながり合って生きている生き物たちの全体を守っていかなければならないのです。

（[9][10]は加藤が付けた。）

2 教材の研究

(1) 段落の構成

この文章を前文・本文・後文の大きく三つに分けると、[1]段落が前文、[2]～[9]段落が本文、そして[10]段落が後文となる。本文は、[2]～[6]段落が本文Ⅰ、[7]～[9]段落が本文Ⅱと大きく二つに分けられる。

[1]段落でサクラソウの絶滅の心配を述べ、「どうして、こんなことになってしまったのでしょう」と問題を提示している。説明的文章では通常、その文章で何を述べようとするのかをはじめに示す。それが問題提示である。文章全体に関わる問題を提示しているところがわかれば、文章内容の理解は容易になる。[2]段落以降では、[1]段落で述べた問題提示に沿って具体的にサクラソウの「絶滅が心配され」るような状況になったわけを述べている。したがって、[1]段落だけが前文となる。

[2]～[6]段落でサクラソウの受粉の仕組みについて説明し、受粉にトラマルハナバチが大きく関わっていることが述べられる。[7]～[9]段落では、トラマルハナバチが姿を消しており、「なぜいなくなったのでしょう」と新たな問題が提示され、トラマルハナバチの一年間の生活が詳しく語られる。

[2]～[9]段落は[1]段落の問題提示にそって具体的に述べている箇所であり、本文といえる。しかし、[2]～[6]段落は、主としてサクラソウの受粉の仕組みについて述べているのに対し、[7]～[9]段落はトラマルハナバチの生活に中心をおいている。その内容に大きく違いがあるので、

本文Ⅰ・本文Ⅱと分けるのである。

10段落は、サクラソウとトラマルハナバチの関わりから発展させて、「生き物はみなつながり合っている」ことを述べ、「おたがいにつながり合って生きている生き物たちの全体を守っていかなければならない」と述べる。本文の内容を一般化した上で筆者の意見を述べている段落であり、後文に相当する。

(2) 本文Ⅰ（2～6段落）の段落関係を考える

2段落はじめで「なぜタネができないかをさぐるために、まず、サクラソウの受粉の仕組みを考えてみましょう」と提示し、「サクラソウの場合、この花粉を運ぶ大切な役わりを、トラマルハナバチという虫が果たしています」とサクラソウの受粉がトラマルハナバチと密接に関わりあっていることを述べている。

3段落は、トラマルハナバチの説明をした上で、「こうして、トラマルハナバチは、サクラソウからみつや花粉をえさとして集めるときに、結果として受粉の仲立ちをしているのです」と述べ、2段落の内容を詳しく説明している。4・5段落ではサクラソウの工夫、トラマルハナバチのくらし方や体のつくりを説明して、なぜサクラソウの受粉はトラマルハナバチでないといけないのか、その理由を述べている。そして6段落で「こうして、サクラソウとトラマルハナバチは、おたがいにぴったりの、よい協力者となっているのです」とまとめる。

つまり2段落の内容を3段落ではトラマルハナバチの側から詳しく述べる。さらに4・5段落ではサクラソウの側から具体的に説明し、6段落でサクラソウとトラマルハナバチの関係をまとめている。その意味では、2～6段落の段落関係は2段落と6段落の両方でまとめる双括型といえる。

(3) 8段落を読む

7段落で「実は、サクラソウの花がさいても、タネが実らなくなった所では、このトラマルハナバチがすがたを消していました。トラマルハナバチは、なぜいなくなったのでしょう」と小さな問題を提示し「そのひみつは、トラマルハナバチの一年間の生活にかくされていました」と述べる。それを受け8段落でトラマルハナバチの一年間の生活をくわしく説明する。

8段落はトラマルハナバチの一年間の生活を時間の順序に従って述べている。このような文章では、時間の表現（「春先」「少しして」「初夏から秋にかけては」「秋も深まるころ」「翌年の春」）に着目し、それを目安に把握していくとわかりやすい。

「春先」……冬眠から目覚めた女王バチが、ネズミの古巣をさがし、たまごを産み子育てをし、サクラソウのみつをすい、えさを集める。

「少しして」……働きバチが育つと、女王バチは巣の中でたまごを産み、幼虫を育て、働きバチがみつや花粉を集めに行く。

「初夏から秋にかけては」……働きバチはいろいろな花をおとずれみつや花粉を集める。

「秋も深まるころ」……新しい女王バチとたくさんのおすバチが生まれ、ケッコンをすませた女王バチだけが冬をこす。

「翌年の春」……また自分たちの家族を育て始める。

時間的な順序で述べている箇所では、時間の記述に着目することで内容の把握が容易となる。また「春先」には女王バチが冬眠から覚めること・その女王バチがねずみの古巣を探すこと・女王バチが一匹でたまごを産み子育てをすること・女王バチがサクラソウの花からみつをすい、えさを集めることの四つが女王バチの行動として述べられている。述べられていることの多さからもこの時期がトラマルハナバチにとって特に重要な時期であることが読み取れる。

(4)　吟味しリサーチする

10段落で「サクラソウがタネを実らせるためには、トラマルハナバチがいなければなりません。トラマルハナバチが生きていくためには、サクラソウはもちろん、その他の花々、またネズミがいなければなりません」とまとめている。サクラソウとトラマルハナバチには切っても切れない密接な関わりがあると述べる。だが、その密接の程度がどの程度なのかということを吟味していくことも可能である。

「サクラソウは、他の花より少し早くさきます」（4段落）、「女王バチは、サクラソウの花を次々におとずれ、その長い舌でみつをすい、えさを集めます」（8段落）と述べている。トラマルハナバチの女王バチが最初にえさを集めに行くのはサクラソウということになる。サクラソウの花がなければトラマルハナバチはえさが集められないことになる。またサクラソウにしてもトラマルハナバチがきてくれなければ、受粉ができず、したがって子孫を残すことができないことになる。しかし、サクラソウを訪れるトラマルハナバチは女王バチということになるから、その数は決して多くはないはずである。数の少ない女王バチで、サクラソウの受粉がすべてまかないきれるのだろうか。

サクラソウの受粉を、ほかの昆虫が媒介することはないのだろうか。風とか、その他の要因が受粉の媒介をするといった可能性はどうなのか。またその一方で、トラマルハナバチの女王バチがえさを集めに行く花はサクラソウだけなのだろうか。

「いなければなりません」とは言っても、サクラソウにとって、トラマルハナバチは唯一の媒介者なのか、複数の媒介者の中で主要な存在であるということなのかは、この文章からだけではっきりしない。文章に何もかもを要求することは無理であるにしても、読み手としては、そのはっきりしていない部分を意識化できることが大切である。

もちろん、これらの事柄についてこの文章だけでは判断できない。図書館やインターネットなどを活用してのリサーチへと発展させていく課題である。書かれてあることをそのままに受け取るだけではなく、書かれていないことが何なのかを自分で考えることができることも説明的文章の読みでは大切である。

(5) 両面的にみる

4段落を引用する。

①サクラソウは、同じ仲間の花に確実に花粉をわたしてもらえるように、いくつかの工夫をしています。②一つは、開花の時期です。③サクラソウは、他の花より少し早くさきます。④同じ時期にさく花が少なければ、ハチに、同じサクラソウの仲間に飛んでいってもらえるわりあいが高くなります。⑤もう一つは、花の形です。⑥サクラソウの花は、深い所にみつをためる形をしています。⑦こうすると、そこにとどく長い舌をもつ虫だけをよび寄せることになります。⑧サクラソウの花の形に合う長い舌をもつ虫は、次もサクラソウの花をさがしてみつをすうでしょう。

（①②の文番号は加藤が付けた。）

サクラソウの開花の時期が、他の花より少し早いこと、花の深い所にみつをためることが、サクラソウの工夫だとここでは述べている。「工夫」とは「うまい方法はないかとあれこれ考えること。また、その、うまい方法。」と辞書（三省堂『現代新国語』）にはある。明らかに肯定的な評価が「工夫」にはある。このような工夫により、サクラソウにとって、「同じ仲間の花に確実に花粉をわたしてもらえる」可能性が高くなることはよく理解できる。しかし、この二点はサクラソウの短所ともなる。③文の「他の花より少し早くさ」くことは、ほかの昆虫が余り活動していない時期ということにもなる。ということは、トラマルハナバチ以外の昆虫に受粉の仲介をしてもらうことは難しくなる。また、⑥文「深い所にみつをためる形」は、⑦文「長い舌をもつ虫だけ」に限定される。ここでもトラマルハナバチ以外の虫に受粉の仲介をしてもらうことがいっそう難しくなる。4段落は、サクラソウの工夫を述べ、サクラソウとトラマルハナバチとの関係の緊密さを明らかにしている。それは一見サクラソウの長所を述べているようであるが、その長所はそのまま短所にもなる。サクラソウの受粉はトラマルハナバチでなければならないという条件が強まれば強まるほど、トラマルハナバチの存在に、サクラソウは左右されることにもなる（トラマルハナバチにとっても同じことがいえるが）。その意味で、この工夫は見方を変えることで、サクラソウの弱点とも読める。サクラソウの工夫として、肯定的に評価するだけではなく、見方を変えることで全く反対の意味にもとれる可能性があることを読みとることもできる。

3　授業づくりの方法

(1)　文章全体の骨格をつかむ力をつける——前文・本文・後文の三つにわける

教科書の「学習」は次のように述べている。

> 「サクラソウとトラマルハナバチ」は、全体が次のような構成になっている。それぞれ、どこからどこまでか、本文で確かめてみよう。
>
> (1)　疑問の形で、読者に話題を提示している。
>
> (2)　(1)の疑問に答えるために、問題を細分化し、その一つ目に答えている。

(3)　(2)から生じた二つ目の問題に答えている。
(4)　(2)、(3)で述べてきたことを合わせて、(1)の話題についてまとめている。

説明的文章の構造は基本的には、前文・本文・後文の三部構造である。前文は、これからどのようなことを述べるかという問題を提示する役割をもつ。本文は、前文の問題提示にそって具体的に述べているところであり、後文は、まとめや筆者の意見感想などが述べられる。どこで問題提示を述べ、どこで詳しく述べ、どこでまとめているかということがおおよそつかめることが、その文章の内容を大づかみに理解したということである。また、全体が大づかみに理解されていることで、細部の読みも全体との関わりで理解され、わかりやすくなる。

「学習」とも重なるが、授業の発問・助言（*が助言）を以下に述べる。

1　この文章で問題を提示しているのはどこの段落か？
*筆者が疑問の形で述べているところはどこ？

疑問の形をさがすときに[7]段落の「トラマルハナバチは、なぜいなくなったのでしょう。」を見つけてくる生徒もいる。その際に、安易にその答えを否定するのではなく、[7]段落の問いに答えているのが[8]・[9]段落であることを確認し、この問いが文章全体からすれば部分的なものであることを、理解させていくことが大切である。また[1]段落の「どうして、こんなことになってしまったのでしょう」に文章全体で答えていることも（[1]段落が文章全体を支配する問題提示になっていることも）確認しておく必要がある。

2　[1]段落の問題提示の答えをまとめて述べているのはどこの段落か？
3　本文はどのような構成になっているか？
*本文はいくつに分かれるか？
*一つめは何段落から何段落まで？
*二つめは何段落から何段落まで？
*それぞれに小見出しをつけてみよう

問題提示がすべて疑問の形をとるのではない。しかし、前文・本文・後文の読み取りになれていない生徒たちには、まず疑問の形に着目させていくことからはじめればよい。その上で、説明的文章では、最初に筆者がこれから述べようとすることを、読者にわかりやすく示しているところがある。それを問題提示というのだということを教えていくのである。

また、この文章では本文が大きく二つに分かれる。前半が「サクラソウの受粉の仕組み」、後半が「トラマルハナバチの生活」である。本文が二つに分けられるのは、述べている内容が変わるからである。それぞれに小見出しをつけることで、その内容の理解をはかる。

(2)　文章を吟味する力をつける

文章を読む過程で「こういう可能性はないのだろうか」「このことはどうなっているのだろうか」という疑問をもつことは大切である。それが吟味の第一歩である。疑問をもてる、気になるところを意識化できるということは、論理的な思考力にとって重要な要素である。

この教材では、たとえば次のような発問が可能である。

1　（①段落の問題提示に対して⑩段落でまとめて答えていることを確認する。その上で）この答えについて何か気になることはないか？

＊サクラソウがタネを実らせるにはトラマルハナバチしかいないのだろうか？ほかの昆虫や、ほかの手段の可能性はないのだろうか？

2　④段落で述べているサクラソウの工夫は何のためのものだった？

＊サクラソウの工夫は、考え方を変えればどうともとれる？

3　サクラソウとトラマルハナバチの関係について調べてみよう

ここでの吟味は、すぐにはっきりとした答えが出るものではない。しかし、文章を読んでいく場合に、それを絶対的なものとして理解するのではなく、ある程度相対的な、ゆるやかさをもったものではないかととらえることも大事なことである。

「教材の研究」でも述べたように、この吟味にもとづいてリサーチに発展させていく指導が可能となる。

8　メディア教材「ニュース番組作りの現場から」（清水建宇）＋「工夫して発信しよう」
――光村図書・小学校五年

石井　淳（秋田県秋田市立金足西小学校）

1　教材の概要

新聞記者経験をもち、ニュース番組の解説者であった清水建宇が書き下ろした「ニュース番組作りの現場から」は、正にテレビメディアの真っ直中で仕事をしている現場人によるものだけに、リアリティーのある文章が特徴である。ニュース番組作りがどのように進められるのかを、具体的な特集番組作りの事例をもとに、時間の経過に沿って知ることができる説明文である。

　これとセットで後半に提示されるのが「工夫して発信しよう」である。前者の教材文で学んだニュース番組作りの手順や留意点を参考にして、子どもたち自身が伝えたい話題を発信していくための学習モデルとなっている。子どもができそうな話題例をもとに、「企画会議」「取材」「編集」という一連の作業手順が示された内容である。

2　教材の研究

(1)　単元名と題名

最初のページの冒頭には、単元名「二　目的に応じた伝え方を考えよう」が示されている。この単元の主題であり、本単元の学習のねらいでもある。その下に目を落とすと、具体的な目標として「テレビニュースの『特集』がどのように作られているか、内容をおさえながら読もう。／集めた材料を、目的に合わせて整理し、編集して伝えよう。」が示されている。

　まず、以上の標記に目を通しておけば、本単元での学習に対する大まかな見通しがもてるようになっている。そして、前半の教材文「ニュース番組作りの現場から」へと導かれる。どんと大きなポイントの活字で表された題名が目に飛び込む。その題名のその答えとなる文章が出てくるのは、「ここでは、あるニュース番組で、防災訓練が特集として取り上げられるまでの過程を見てみましょう。」という第一段落の最後の一文である。つまり、ニュース番組を作っている「その現場からのぞいているように紹介します」といった意味合いととらえることができよう。

「たんぽぽのちえ」や「大陸は動く」のように題名だけからも興味がそそられるような題名ではない。「現場から」のあとに続くものが省略された表現なので、題名への着目による興味の喚起といった手法には向かない。

(2) 本文「ニュース番組作りの現場から」の特徴

1段落の役割は先に述べたが、その中に「時間をかけてくわしく取材をし、特集として取り上げることもあります。」という叙述がある。これは、毎日起こっている出来事のニュースは「テレビニュース番組では…いち早く伝えられ」るという部分と対比して述べられている。ここで紹介されている特集番組作りの場合、どれくらいの期間をかけているかは、3段落で明らかとなる。子どもたちは「放送の十六日前です」という期間を知って、長いと感じる反応を多くするかもしれない。特集番組の中には一年以上もの期間をかけて取材している大作もあるが、子どもたちの経験からすると、十六日の間にどんなことをしていくのかという、疑問や期待が生まれる部分であろう。

さて、本文はこの後、十六日間という時間の経過に沿って、題名の示す通り、「番組作りの現場から」臨場感のある番組制作の動きが描かれていく。「放送の八日前」「放送の二日前」とカウントダウンが告げられ、「午後十時二十分、いよいよ特集が放送されます」では、読み手も、その放送中のスタジオに居合わせているかのように、番組本番へと引き込まれていく。

(3) 本文の構成（上段）と基本的発問課題（下段）

報道スタッフの実際の動きを描写しながら、臨場感ある叙述となってはいるものの、経験不足の子どもたちにとっては想像しにくい場面も数多い。したがって、学級の実態によっては64～65頁のような段落毎の丁寧な読み取りが必要であろう。

本教材文「ニュース番組作りの現場から」の内容を見渡したとき、私たちが毎日のように接しているテレビニュースではあるものの、その送り手側のさまざまな工夫や手法、そして苦労や願いを共感的に、あるいは興味深く受けとめられるかどうかは、子どもによって大きく違ってくることが予想される。さらに、ここに示されたニュース番組作りの手法や手順は、プロのやり方であるわけだから、それをそのまま子どもがまねすることは到底不可能であると捉えて、本教材から子どもたちに何をつかんで欲しいかを見定めることが重要である。取材方法や編集の仕方も参考とはなるものの、それが中心ではない。

読み取りの段階では、「六時間の取材テープを八分に編集する」という部分に十分時間をかけたい。そこには、正確な情報を複数の場所や人から時間をかけて探したり聞いたりすること、さらには、最も伝えたいことは何かをよく吟味して絞り込みを行ってから初めて放送の電波に乗せているのだというプロの厳しさを読み取ること、これこそが本教材の中心部分として位置づけられるべきと考える。

是非欲しい補助資料がある。それは、ここで紹介された特集番組そのもののビデオ資料である。これがあると、子どもたちの読みへの意欲や叙述内容の理解に格段に違いがでてくるものと期待できる。

(4) 手引きページの活用

本文が終わった次の一ページに添えられている「学習の手引き部分を見ると、読み進めていくためのノート指導的な「読み取り表」が示されている。読みの力のある学級では、自力でノートやシートに書き込む学習が展開されるだろうし、教師と共に教師の板書を手がかりにしながら読み進めていく学級もあるだろう。板書については、黒板だと一時間毎に消されてしまうので、ロール状の模造紙などに毎時間書き込むようにして、板書を残すように工夫するとよい。すると、前時の読み取りの確認や、全文の読み取りを俯瞰する際にも有効な資料として掲示できるからである。

(5) 学習モデル「工夫して発信しよう」の活用と留意点

前段の「ニュース番組作りの現場から」の学習を参考にした学習モデルが後半に示されている。これは、あくまでモデルプランであって、必ずこれをなぞるように学習を展開しなくてはならないものではない。むしろ、そうすることによって、子どもたちの学習が行き詰まったり、意欲が続かなかったりする場合もあることも知っておきたい。

段落番号	まとまり
1	予告文
2	番組企画の動機
3	企画会議
4	取材
5 6	取材で分かったこと

重要な表現・内容　番組の作り手の動き

ここでは、あるニュース番組で、防災訓練が特集として取り上げられるまでの過程を見てみましょう。

デスクのもとに山梨県の支局から連絡。山梨県は、富士山の噴火に備えた初めてのひなん訓練を十一日後に行う。訓練はこれが初めてであるということにおどろきました。

［ニュースの入手］［おどろき］

二つの疑問を中心に取材しようと決めました。

［疑　問］［取材方針の決定］

〈放送の十六日前〉

最も大切なのは正確さです。

［取　材］

このような住民感情から、県の人たちも防災訓練にはふみ切れなかったのです。

これらのことから、県は住民の理解が得られると判断して、噴火に備えた訓練をす

［取材結果のまとめ］

【1段落】テレビのニュース番組では、何が伝えられるか。ニュースとは何か、特集とは何か。この後の2段落からは、どんなことが説明されているか。

【2段落】どんな小見出しをつけたらよいか。デスクが感じた「おどろき」については、読み手側にとっては共感できるための叙述がないために、踏み込めない部分である。

【3段落】会議を開いた報道スタッフにはどんな役目の人がいたか。会議で出た「二つの疑問」が浮かび上がったわけを想像してみよう。

【4段落】どんな取材の仕方をしているか。その際に気をつけていることは何だったか。

【5 6段落】取材で分かっていったことにサイドラインを引き、それらを線で結びながら、3段落で出た疑問ＡＢの答えをまとめよう。

【7 8段落】「どういう内容を中心に伝えるかを改めて確かめました」とあるが、その「内容」が明示されていない。本番で使うビデオ映像の撮り方は述べられているので、その部分と、次の8段落にある実際の撮影の様子とを線で結んでみよう。

7	8	9	10	11	12
撮影計画会議	撮 影	テープ編集	原稿づくり	放 送	まとめ

ることにしたのです。

どういう内容を中心に伝えるか…。だれにインタビューするか、どこをさつえいするか決めました。

伝える内容の再検討

〈放送の八日前〉

目で見て分かるように工夫をこらします。

撮影の工夫

〈放送の二日前〉

これまで行われなかった訓練がなぜ実現したか、訓練に参加した住民はどう思ったか、その答えが分かるように編集しよう…。

答が分かるように編集

書き方には工夫が必要です。ひと目で分かるように、地図や表なども用意します。

原稿作りの工夫

…それは、デスクやディレクターが、取材を重ねてきて最も伝えたかったことでした。

放 送

知ってほしいという願いをこめて、ニュース番組を作っているのです。

【9段落】「さつえいしたビデオテープは全部で六時間分・・・それを八分にまとめなければ」という作業に大人なら驚くかもしれないが、子どもたちには現実感がないと予想される。「なぜ八分に縮める」必要があるのだろうか。7段落で不明確だった「どういう内容を中心に」の答えがこの段落におおよそ示されている。「訓練がなぜ実現したか、参加した住民はどう思ったか」である。

【10段落】放送原稿の必要性は、ポスターセッション等の経験を思い起こして考えてみよう。実物資料として掲載されている「放送用原稿」を教師が解説しながら読んでみるとよい。

【11段落】放送本番の様子を臨場感たっぷりに描写している。役割演技でその場を再現してみよう。「取材を重ねてきて最も伝えたかったこと」つまり「火山をよく知ることが、いちばんの防災です」の意味について考えよう。「めずらしい防災訓練がありました」というイベント紹介のニュースを、ただ単に分かりやすく伝えたのではないことに気づかせたい。「なぜ」という疑問から出発したことにノートや板書資料によって立ち戻ってみよう。

【12段落】2段落から11段落までの各段落の要点や段落相互のつながりをこれまでのノートや板書資料でふり返ることで、まとめとしての12段落を読み味わいたい。

なぜか。それは、大人と子どもの違いでもある。プロの制作スタッフやある程度情報発信の経験がある人の場合は、初めからある程度の「見通し」や「編集方針」がイメージできているのに対して、子どもたちの場合は、ほとんどそれができない場合が多い。「やってみなければ分からない」段階とも言えよう。「計画」「取材」「編集」という一連の順序が、前段の教材文と同様に例示されてはいるものの、子どもの実態からすると、あえて、まず興味のある話題や「もの」への「とびこみ取材」から始めることもあってよい。その体当たり的な取材からさらに興味ある事実を発見したり、新たな疑問が生まれることの方が可能性として高くなることも、子どもの場合はよくある。

一方、放送原稿づくりが最初にきたほうが、結果としてよい作品が生まれることもある。原稿上で何を伝えたいのかを整理して書き進めていくうちに、何を伝えるとよいのか明確になったり、足りない情報や欲しい映像が思いつくこともある。「原稿づくり」から出発する取材の方が、ねらいが定まったするどい取材につながる可能性もありうるのである。

モデルはあくまでモデルとして取り扱う柔軟性が大事であろう。

3 授業づくりの方法

(1) 子どもの実態と本教材との接点

テレビというメディアには子どもたちも毎日のように接している。娯楽番組（アニメやバラエティー）の視聴が主流であろうが、大きな事故や紛争などのニュースにも目を向けるようになってきている時期である。子どもたちはテレビから送られてくる情報の受け手としての楽しみ方見方には十分なほど経験を積み、日常の関心も高いのだが、その送り手側の立場を推し量ろうとする意識になることはまずない。

このようなメディアとの関わりにおける子どもたちの実態と、本教材とを重ね合わせたときに、次の本教材の教材価値が浮かび上がってくる。本教材から、情報の送り手の立場（願いや手法）を知ることによって、子ども自らが伝えたい情報を発信しようとするとき、それを生かせる。

説明的文章の読み方を鍛えるための教材価値はもちろ

んあるのだが、子ども自らの情報発信の学習に生かすための教材として取り上げることで、さらにその価値が高まるものと考える。

(2) 全体計画立案のための方針

① 教材文の読み取りの出発点として、「自ら発信するために読む」ということを前提にしたい。読みの意欲づけを図るばかりでなく、読みの意識や視点をなるべく情報発信する側の「現場」の近くに置くことができるからである。「読み終えてから、後で何か発信するものを見つけましょう」とでは雲泥の差となるはずである。

② テレビに限らず新聞やインターネットなどのメディアから送られてくる情報には、「編集」という送り手側の「手が加えられている」ことを知ること、このことは本教材の読み取りでおさえておくべき重要な点である。「選ぶ・配列する・加工する」という編集作業は、情報の送り手側の「思いや願い」の表れでもある。本教材ではそのことを具体的な事例をもとに学ぶことができる。単元の末尾に「編集して伝える」という解説文が一ページ添えられているので、まとめの段階で取り扱うとよい。前述したように「取材で集めた六時間分のビデオテープを八分にまとめる」部分に十分時間をかけて「編集」することの意味を考えるようにしたい。

③ 「工夫して発信しよう」の中に、いくつかの「発信例」が挙げられている。「ビデオニュース」「新聞」「校内放送」「ポスターを用いた発表」などから選ばせることもできるようになっている。発信方法を決めるに当たっては、ビデオカメラやデジカメ等の機材準備上の制約もあるだろう。また、それまでの子どもたちの取材経験の実態からも変わってくる。ただし、どんな発信方法であっても、本教材で学んだ「取材方法」や「編集作業」の要点をおおよそなぞれる作品づくりの体験ができるようにしたい。

④ 本教材ではビデオニュース作りが例示されているが、映像（撮影）と文章（原稿作り）の効果的な組み合わせをするために、必ずしもビデオ撮影を取り入れる必要はない。ビデオ編集には、かなりの習熟と時間を要するからである。パソコンによるビデオ編集ソフトも出回ってはいるものの、一般教師向きではまだない。それよりも、デジカメ写真をメインにした取材もお勧めである。子どもたちが手軽にカメラを扱いながら取材できるし、後の編集作業も至って簡単に済む。たくさん撮った中からどの写真を選ぶかという作業で済むからである。デジカメの機種によっては、スイッチの切り替え一つで音声録音

も手軽にできる機種が数多く出回っているので、インタビュー録音に最適である。学校備品の機種も確かめておくとよい。

観る側の関心度を考えたり、指導者の側でもビデオ編集に少なからず心得があったりして、どうしてもビデオ撮影を取り入れたいという場合にも、一つの策がある。

同一テーマ（話題や素材）の取材にして、作品づくりを各グループで競い合う設定である。こうすることで、取材活動を一本化でき、撮影やインタビューなどの取材計画が決めやすいばかりでなく、教師側の支援が必要な後の編集作業が効率よく進むからである。

同じテーマでありながら、取材した映像の切り取り方がグループによって違ったり、原稿内容も比較することができたりする。このような進め方によって、「編集する」という意味がより鮮明に学び合える学習が展開できよう。

(3)　全体計画例

第一次　自分のグループ（数名）で発信したい話題を決める。

※「大切にしたい学校の周りの自然」「学校の避難訓練をみんなで考えよう」「意外に知らない先生以外の学校職員の仕事」など、単なる「学校の自然」という話題名とせず、メッセージ性をもたせたテーマにすると取材方針も考えやすくなるので、大事な助言としておきたい。

第二次　教材文「ニュース番組作りの現場から」を読む。

第三次　①選んでおいた話題についての発信方法を決め、そのために必要な活動を進める。

②作品発表会を開き、互いのグループのよさについて話し合い、学習のまとめを行う。

※ビデオ作品などで出来映えの良かったものについては、地元のテレビ局等への投稿も勧めたい。

9　小説「盆土産」（三浦哲郎）
――光村図書・中学校二年

丸山　義昭（新潟県立長岡高等学校）

1　教材の概要

三浦哲郎「盆土産」の出典は一九八〇年刊『冬の雁』である。「えびフライ、とつぶやいてみた。」というのが冒頭の一文で、小学校三年の少年が主人公であり、語り手である。東北地方の山村に住む少年の一家が、東京に出稼ぎに出ている父親の帰郷を迎える二日間のお話である。

八月一二日の朝、父親のために生そばのだしにする雑魚を釣っている少年がつぶやいてみた「えびフライ」は、まだ一家の誰もが見たこともない。これは、前日に帰郷を知らせてきた父親の速達に書いてあった盆土産。父は夜行で、一晩中眠りを寸断してドライアイスで冷やし続けながらえびフライ六尾を持って来たのだった。夕食で皆でえびフライを食べ、えもいわれないうまさを味わうが、少年、少年の姉（中学生）、祖母はえびフライのしっぽまで口に入れてしまう。一三日の午後には皆で死んだ母親の墓参りをして、父親は再び夜行であわただしく東京に戻る。父を村外れのバス停留所まで見送る少年。別れ際父に「んだら、ちゃんと留守してれな」と言われ、手荒く頭を揺さぶられた少年は、「さいなら」と言うつもりが、うっかり「えんびフライ」と言ってしまい、父を苦笑させるのだった。以上があらすじである。

東北の貧しい山村にはない、父親が持ち込む都会的な物――えびフライやドライアイスに対する少年や姉の反応はユーモラスで笑える。祖母の言動もほほえましい。

父親が苦心して運び帰ったえびフライは、この家族に対する深い愛情をあらわしているが、お盆なのに、わずか二日間で東京にまた戻らなければならないあわただしさ、出稼ぎ生活の非情さ。墓参の場面における亡き母に対する少年の思い。最後には、無口な父親と少年の悲しい別れの場面――などが地方色豊かな風物や地域語による会話とともに語られている。

2 教材の研究

(1) 時代を読む

作品の導入部的な部分を含んでいる最初の雑魚釣りの場面の終わり「……足元の河鹿がぴたりと鳴きやんだ。」と、次の、父親が帰ってきた場面の始まり「父親は、村にいるころから、……」の間には一行空きがある。この一行空きのところまでで、この小説の〈時代〉は大体読んでおきたい。「えびフライ」を一家が知らないこと(テレビがあれば海のえびを見ることくらいはあるだろうからテレビはない)、「町の郵便局から赤いスクーターがやって」くること、田舎とはいえ電話もなくて、「東京から速達」で連絡がきていること、貧しさもあろうが、「油とソースを買っておけ」という父の知らせから、それらが常備されていないこと、「給食」があって、「鯖のフライが出る」こと、などから昭和三十年代くらいかと考えられる。山村でも電化製品がそろっていくのは昭和四十年代に入ってからであろう。

父親が帰ってきてから後の文章を読めば、もっとはっきりしてくる。たとえば別れの場面で「男車掌が降りてきて」とあるように、バスに車掌が乗っているが、昭和四十年代に入ると、地方でもワンマンバスにどんどん切り替わっていく。昭和三十年代の中頃から後半あたりというと、日本は高度経済成長のまっただ中である。昭和三十九年に東京オリンピックがあり、東京は関連施設などの建設ラッシュに沸いていた。父親は東京の工事現場に出稼ぎに出ていて、お盆休みもわずか一日半、田舎のゆったりした時間の流れとは比較にならないあわただしさの中で父親は働いていたものと思われる。

また、昭和三十年代というのは、まだ旧来の道徳観・価値観が色濃く残っていた時代である。田舎の山村であればなおさらである。「明日はもう盆の入りで、殺生はいけないから」と宗教的モラルを気にする少年、出稼ぎに出ている父親を心から心配する家族、父親の家族への愛情、自分たちばかりえびフライを食べて死んだ母親にすまないという少年の心情、など現代では見失われつつあるものがここにはある。それに何と言っても、この飽食の現代に、えびフライに不安と期待を抱き、家族で有り難く食べる少年らの姿は新鮮にすら映るに違いない。

(2) 語り手の設定を読む

この小説はいわゆる一人称小説であり、前述した通り、主人物である小学三年生の少年が最初から最後まで語っている。日本語の、それも特に一人称の文章では、主語が省かれることは、少なくない。が、それにしてもこの作品では少年の一人称代名詞が一回も使われていない。

その効果としては、語り手の少年に対する読者の同化の度合いが強まるということが挙げられる。少年の感情に同化しやすくなる。同時に、少年の眼の制約、語りの制約を受けることにもなる。

少年の語りは、父親が帰郷する十二日の朝の雑魚釣りから十三日の夕方の、バス停での別れまでに限られている。過去のことは、「ゆうべ、といっても、まだ日が暮れたばかりのころだったが」という、昨晩（十一日の夜）父親から速達が来た時のことしか書かれていない。幼少時から今までの父親とのふれあい、母が亡くなったいきさつ、（姉が普段おかずを作っているという以外の）一家三人の日常生活の様子などは書かれていない。

また、小学三年の子どもだから、大人の世界のことはよく見えてはいない。父親と「大人の会話」をすることもない。これが語り手が中学生（中学一年？）の姉が語り手で、バス停まで見送りに行くのも姉であったなら、少し事情は変わってくる。現在この家族が抱えている不安も、「東京から速達」が来て、「てっきり父親の工事現場で事故でもあったのではないかと思ったのだ」とあるような、事故の不安以外には書かれていない。読者は、少年の目線に従って、えびフライを核にした二日間の父親と家族の温かい交流を読みとっていくしかない。

(3) 書かれていない家族の形象を読む

書いてあることを手がかりにして、直接には書いてない家族の形象を読んでみる。

> 祖母は、墓地へ登る坂道の途中から絶え間なく念仏を唱えていたが、祖母の南無阿弥陀仏は、いつも『なまん、だあうち』というふうに聞こえる。ところが、墓の前にしゃがんで迎え火に松の根をくべ足していたとき、祖母の『なまん、だあうち』の合間に、ふと、
>
> 「えんびフライ……。」
>
> という言葉が混じるのを聞いた。

（中略）

祖母は昨夜の食卓の様子を（えびのしっぽがのどにつかえたことは抜きにして）祖父と母親に報告しているのだろうかと思った。そういえば、祖父や母親は生きているうちに、えびのフライなど食ったことがあったろうか。祖父のことは知らないが、まだ田畑を作っているころに早死にした母親は、あんなにうまいものは一度も食わずに死んだのではなかろうか――そんなことを考えているうちに、なんとなく墓を上目でしか見られなくなった。父親は、少し離れたがけっぷちに腰を下ろして、黙ってたばこをふかしていた。（傍線・丸山　以下同じ）

まず、「まだ田畑を作っているころに早死にした母親」という箇所から、次の二つの読みが導き出せる。

① 父親は前々から出稼ぎに出ていて、母親が祖母とともに田畑をやっていたが、母が亡くなったので、年老いた祖母だけでは無理となり、田畑をやめた。

② 母親が生きていた頃は、両親が田畑を作っていた。母親が死んで人手が足りなくなり、山村で、もともと田畑からの収穫も少なかったことから、田畑はやめて、父親が出稼ぎに出るようになった。

隣の喜作という一級上の四年生が、父親の盆土産と思われる物を自慢そうに身につけて、独りで畦道をふらついている場面がある。「隣でも父親が帰ったとみえて、真新しい、派手な色の横縞のTシャツをぎごちなく着て、腰には何連発かの細長い花火の筒を二本、刀のように差していた。」と書いてあるので、この村では出稼ぎに出ている父親が少なくないとも思われる。母親が早死にしたこと、それは母親の負担が大きすぎて病死したのではないかと思われること。山村でもともと耕作地は少なかったであろうこと。以上を考えると①の可能性の方が高い。

次に、「父親は、少し離れたがけっぷちに腰を下ろして、黙ってたばこをふかしていた。」を読んでみる。たばこをふかしているところからすると、父親は先にお参りを終えたらしい。「墓地へ登る坂道の途中から」とあるところからすると、共同墓地はこの山村の上の方にあるらしい。「がけっぷちに腰を下ろして」、眺めのよい高いところから、父親は、年に一回しか見られない夏の美しい村の風景を感慨深く眺めているものと思われる。

その父親は、三人の家族とは少し離れた位置にいる。

しかも、がけっぷちに腰を下ろしているので、家族には背を向けていることになる。これは、今、父親の考えていることが、家族三人のそれとは別であることを示している。家族三人は祖母や母親の冥福を祈り、盆土産のことなどを報告したり、すまないと思ったりしているが、父親は、村の風景を眺めながら、現在の自分の生活、自分のこれから、家族の将来などを考えているに違いない。父親の孤独な側面が少し感じられるところである。

(4) 別れの場面——人物の言動を多様に読む

少年は独りで父親をバスの停留所まで送っていく。別れの場面は次のように書かれている。


それからまた、停留所まで黙って歩いた。

バスが来ると、父親は右手でこちらの頭をわしづかみにして、

「んだら、ちゃんと留守してれな。」

と揺さぶった。それがいつもより少し手荒くて、それで頭が混乱した。んだら、さいなら、と言うつもりで、うっかり、

「えんびフライ。」

と言ってしまった。

バスの乗り口の方へ歩きかけていた父親は、ちょっと驚いたように立ち止まって、苦笑いした。


父親が「右手でこちらの頭をわしづかみにして」揺さぶる。別れ際には父親がいつもやる行為らしいのだが、それが「いつもより少し手荒」かったのはなぜだろうか。ここにはどういう父親の気持ちが読めるだろうか。多様に読んでおきたい。

① なかなか帰って来られず、今回はわずか二日間だった。十分には付き合ってやれなかった、その分、いつもより愛情を多く示そうとした。

② わずか二日間だけの帰郷で、十分に付き合ってやれず、悪かったな、許してくれよという気持ちをこめた。

③ もう小学校三年生だ、父親がなかなか帰って来られない事情も分かるだろうし、留守の間のことはしっかり頼むぞと、信頼と期待をかける気持ちから。

④ 言葉で言い表さず、少し手荒い行為で別れ際愛情を示した。この前に「父親はとって付けたように、／『こんだ正月に帰るすけ、もっとゆっくり。』／と言った」とあり、ここでも「停留所まで黙って歩いた」と

あるように、どちらかと言えば口数少なく、口べたな父親である。照れもある。

これを受けて、少年は頭が混乱してしまう。父親の少し乱暴だが、いつもより強い愛情や期待にどう応えたらよいか分からないが、何か言って応えようとしたくなった。それで、この瞬間、普通に「んだら、さいなら」とは言えないで、うっかり「えんびフライ。」と言ってしまう。

「うっかり」発した言葉だから、ここでは「えびフライ」と正確には発音できなかった。自慢げな隣の喜作と張り合って「えびフライ」と言った時とは違って動揺している。この「えんびフライ。」も多様に読める。

① えびフライをまた土産に買って来てほしい、また食べたい、ちゃんと留守するから、というのが表の意味。

② そのほかに、えびフライ本当にうまかった、ありがとうという感謝の気持ち。

③ たった二日間でも帰って来てくれてうれしかった、楽しく幸せだった、ありがとうという感謝の気持ち。

④ また、帰って来てほしいという気持ち。父親の愛情を求めている。しっかり留守するから、愛情のこもった土産を、つまり愛情を持って帰って来てほしい。父親への甘えである。

3 授業づくりの方法

最初に子どもたちに初発の感想を書かせておく。たぶん、その多くは、何らかの形で、この作品の〈時代〉と関わるものとなるだろう。したがって、個々の形象を読ませていく段階では、まず〈時代〉を読みとらせることが重要である。

最初に子どもたちに、前述の、最初の一行空きのところまでで、時代が読みとれそうな語句に線を引かせる。そして、それら線引きした箇所から時代を読みとらせる。

子どもたちは時代が読みとれそうな語句を多く挙げることはできても、そこからいつの時代かを読みとることは知識に乏しいから難しいかも知れない。その場合は、子どもたちに調べさせてもよいし、授業者の方で説明してもよい。昭和三十年代ということを明らかにし得たら、どのような時代だったのか、これも調べさせるか、説明する。時代背景を知ることで、作品理解にも奥行きが生じるはずである。

以上の過程では、直接〈時代〉を表す語句がなくても〈時代〉が読みとれることを学び、その力をつけることが大事な教科内容となる。そして、その〈時代〉を背景として知っておけば作品理解が深まることを学ぶことも大切である。

次に、やはり最初の一行空きのところまでで、この作品の舞台である、この山村の特徴をおさえておきたい。さらに少年と姉、父親の人物形象、人物どうしの関係、どういう感情をお互いに抱いているかなどについても読みとる。そして、一行空きのところまでで、どのような出来事が起きているのか、これは一度、時間の順序に並べ替え整理した上で、読みとった方がよい。

語り手の設定も取り上げる。前述のような特徴に気がつかせ、その効果について生徒たちに考えさせたい。そのためには、「僕は」「おれは」といった一人称代名詞を各文につけてみて、どういうふうに感じが違ってくるか、体感させてみるのも一つの方法である。

また、この小説が姉が語る形で、最後の別れの場面が姉と父親の二人だったらどうなるか、あるいは三人称小説だったらどういうふうになるか、この小説の授業の最後に考えさせてみるのも面白い。そして、少年を語り手にした意味を再度考えさせたいものである。

さて、一行空きの次から、つまり父親が帰って来てからは、書かれている順序で、事件や人物の形象を読みとっていく。また、普通とは違う表現にも着目して、そこを読んでいく。

ここでは前述の教材研究で取り上げた部分について、具体的な発問・助言を提示したい。

たとえば、「父親は、少し離れたがけっぷちに腰を下ろして、黙ってたばこをふかしていた」をどう読ませるか。次のような発問・助言によって読みとらせていく。

① この墓地はどういうところにあるの？
② 父親は「がけっぷちに腰を下ろして」何を見ているのだろうか？
③ どのような思いで見ているのだろうか？　複数考えてみよう。

①の発問で「墓地へ登る坂道の途中から」という箇所

に着目させる。②は「がけっぷちから何が見える？」という発問でもよい。③では、家族から少し離れて、しかも背を向けているということにも着目させる。即物的な、映像として思い浮かべるような読みから、人物の心情に迫っていくのである。

それでは、別れの場面の「いつもより少し手荒くて」では、どういう発問・助言がよいか。

①　「いつもより少し手荒」かったのはなぜ？　どういう父親の気持ちが読める？　複数考えてみよう。
②　今回はわずか二日間の帰郷だったから？
③　少年はもう小学三年だね。だから？
④　ここから読める父親の人物像は？　「父親はとって付けたように、『こんだ正月に帰るすけ、もっとゆっくり。』と言った」「停留所まで黙って歩いた」のところでも読んでいるね。

①では、「いつもより」とあるから、「いつも」の頭の揺さぶり方だけでなく、父親の「いつも」の帰郷と今回の「帰郷」とではどこが違うようなのか考えさせる。③では、前回の帰郷（正月と思われる）とでは、少年の方にどういう違いがあるか考えさせる。④は、ここで前の二箇所と合わせて考えさせてもよい。

次は、「んだら、さいなら、と言うつもりで、うっかり、『えんびフライ。』と言ってしまった」のところ。

①　少年のセリフで気がつくことない？
②　なぜここでまた「えびフライ」でなく「えんびフライ」に戻ってしまったの？
③　この「えんびフライ。」は、まずどう読める？　表の意味は？
④　でも、単にえびフライがまた食べたいというだけではないでしょ。ここには少年のどういう気持ちがこめられているの？　複数考えてみよう。

④では、「えんびフライ」という語を入れた、少年の気持ちを表す短文と、入れない短文を生徒に作らせ、許容できる読みになるかどうか、皆で検討すると面白い。

10　小説「ウミガメと少年」（野坂昭如）
――教育出版・中学校三年

杉山明信（茗溪学園中学校高等学校・学習院女子大学）

1　教材の概要

本作品は野坂昭如著『ウミガメと少年―野坂昭如戦争童話集　沖縄篇』に収録されている。「地上戦を経験していない自分に沖縄を書くことはできない」と言い続けて来た著者が、ついに悲惨極まりない沖縄戦を書くことを決意し、苦心の末完成させた作品である。

「ウミガメと少年」の大まかな概要は、次の通りである。

昭和二十年六月二十三日、沖縄南部の砂浜に、大きなアオウミガメのお母さんが産卵をした。折りしも沖縄戦最後の闘いの真っ最中、アメリカの戦艦の艦砲射撃が炸裂する浜辺での産卵だった。その様子をガマ（洞窟）の陰から見ていた哲夫という少年がいた。国民学校の三年生。四月に米軍の一斉艦砲射撃、沖縄上陸があって以降、逃避行を強いられてきた哲夫は、母、祖父、祖母などの家族を失い、たった一人、海岸のガマにたどりつき、二カ月あまり細々と命をつないできたのだ。艦砲射撃から守るために、ウミガメの卵をガマに運び込み、温かい砂をかけて孵化させようとしていたが、飢えた哲夫の体は衰弱し、餓死がそこまで忍び寄っていた。たまたま過失で割ってしまった卵をすすったことをきっかけに、守ってきた卵を全て食べてしまう少年。最後の卵を食べた彼は、海の底へ沈んでいったのだった。

以下、作品の終盤部分から最後まで、本稿で分析を試みた本文箇所を引用して示す。

この日、沖縄での戦争は終わりました。六月二十三日です。生き残った日本人の軍人じゃない人たちは収容所、兵士は捕虜、昨日までの鬼畜は、親切な保護者に変りました。

哲夫は知りません。時おり、大砲、機関銃の音が遠くで響く。食べ物は海藻だけ。少年は日に日に弱り、砂を運び、卵の上にかけようとして、よろめき、卵の一つを足の指で割ってしまいました。まるで、待ちかねたように、それまで、そんな気持ち全くなかったのに、少年は、こぼれ出した卵の白身と黄身をすすりこみました、岩にじかに口をつけて。甘く、滑らかです。日ざしの暑さとまるで違う、ぬくもりが体の底から、指の先にまでゆったり広がっていきます。波の寄せるたび、ガマの底の海面が、ググッとせり上がり、地の底でドーンと鈍い響き。

眺めるうち、少年は、カメの卵を一つ取り上げ、お父さんが鶏の卵でしていたように、岩に軽く打ちつけ、ひび割れから、一気に飲みこみました。のどをすべり降りていく、少し温かいヌルヌル。せっかく、迫撃砲の直撃から救い出し、砂で温めて、カメにしてやろうと思っていたのに、食べてしまう。悪いとは感じません。卵の殻もバリバリかみ砕き、鶏の卵よりずっと柔らかい、殻さえ甘い。どれほどたったのか、海に残った軍艦は、小さなのが一隻だけ、入り江をつくる岩の連なりの陰にいつもいる。お父さんお母さん、おじいちゃんおばあちゃんのことは考えません。

少年は、卵を抱いてうずくまったまま、一日じゅう、海を眺め、朝は日の出とともに赤く染まる空、夕方は、日の入りに輝く雲を映して、ところどころ赤くなる海。同じ繰り返し。

卵の最後の一つをすすりこむと、少年は、フッと、満ちてきた潮に滑り入り、底へ沈んでいきました。あったかい、海の水が甘い。

昭和二十年、八月十五日

大きなあのアオウミガメがまた、南からの流れにのって、島の近くへやってきました。なにしろカメだし、歳もとっている、卵を産む時は、きちんと場所に着きますが、ほんの二か月前の、とんでもない浜辺の騒ぎなど覚えていません。自分の産んだ卵が、ちゃんと故郷の海へ戻ったのかも、心配しません、ただ悠々と、潮にまかせて、浮き藻があれば、食べます、なければ、いちばん気分のいい温度の深さで、眠ります。

ゆらゆら漂う大きなアオウミガメの傍らを、ずっと小さなアオウミガメが、島の方から、泳いできました。

大きいほうは、片目をあけてちらりと眺め、また漂い続け、小さなほうは、どこへ急ぐのか、せわしく手足を動かし、広い海の中に、見えなくなりました。

2　教材研究の基本線

本文に述べられていることは、ウミガメの卵は全て少年に食われてしまい、その少年も飢えで衰弱して死ぬという事実である。悲惨極まりないこれらの現実を描いていながら、その悲しみにはどこか透明感があり、リアルで残酷には描かれてはいない。そういう印象を支える最大の要因は、最後に描かれる子ウミガメの存在である。

作品の冒頭近くには「お母さんガメが、子供に遭うことはありません」とあり、たとえ卵が食われなくても、母ウミガメと子ウミガメとの遭遇は、ありえないこととされている。それにも関わらず、作品の最後で母ウミガメの前に子ウミガメを登場させたのは、その子ウミガメが、普通の子ウミガメではないこと、何か特別な存在としての子ウミガメであることを示してはいないだろうか。理詰めで考えれば、海底に沈んでゆく少年は死んだわけだし、登場するアオウミガメの卵は全て少年が食べたのだから、作品の最後に描かれる小さな子ウミガメは、別の母ウミガメが産んだ卵が孵ったものだろう。しかし、そう思わせるようには書かれていない。この作品は確かに沖縄戦という重い現実を題材とはしているが、基本的には童話であり、ファンタジーとして書かれている。

だとするならば、この小さなウミガメは、遭遇した母ウミガメと何らかの関係がある存在なのではないか。そして、両者を結びつける存在が少年なのではないか。

少年の死の描き方も特徴的である。決して悲惨に描かれていない。静かに穏やかに水に入り、一種の救いであるかのように海底に沈んでゆくのである。まるで子ウミガメが海へ戻ってゆくように。

少年はただ単に死んだのではなく、卵もただ単に食われたのではない。卵は少年の体のすみずみにまで生命のぬくもりを与えた。少年は海に消えてゆき、入れ替わるように子ウミガメが出現する。少年はウミガメとなって海へ旅立っていったのではないかと思わない方が不自然な終結部分の設定である。

この作品は、そういった「命というものの受け渡し」、「命のリレー」の物語であると私は考えている。「産卵」

「戦争」「死」という生き死ににまつわる事実を取り扱ったこのファンタジーの主題は、「命」そのものであろう。恣意的に、ご都合主義的にそう読むのではなく、この作品本文の表現を丹念に読み取ることで、右のような「よみ」を生徒からひき出したい。

3 教材の研究

(1) 小さなウミガメは子どものカメ

ずっと小さなアオウミガメが、…せわしく手足を動かし、広い海の中に、見えなくなりました。

比較されている母ウミガメは確かに大きいかもしれないが、「ずっと小さな」と小ささを強調しているのだから、このウミガメはとても小さい。小柄な個体というレベルなどではなく、子供の、しかも生まれて間もないウミガメであろう。「せわしく手足を動かし」という泳ぎ方からもそうよめる。

(2) 「哲夫」から「少年」へ

少年が作品に登場してきたときには、「子供」「少年」という呼称を用いていたが、「哲夫」という名前が提示されて以降は、ずっと「哲夫」と書かれていた。だが、先の引用箇所では、再び「哲夫」から「少年」に戻っている。そして、作品の最後まで「少年」で統一されているのだ。明らかに呼称を使い分けているのである。

名前は、人間社会という枠組みの中で生きる個人個人につけられたものである。「哲夫」は、沖縄県民の一人として戦争で逃げ惑う存在なのだ。その一方で、ウミガメ(の卵)と関わっている場面では、「少年」と書かれている。言い換えれば、人間社会の現実である沖縄戦の様子を述べている部分では「哲夫」と書かれ、童話的な部分では「少年」なのである。つまり、「少年」は、「どこの誰」という人間社会の枠組み内の存在ではなく、人間の子どもという一個の生き物として生き、そして死んでゆく存在なのである。

お父さんお母さん、おじいちゃんおばあちゃんのことは考えません。

そう考えてみることは、右の記述のよみにも影響しそうである。この一文からは、次のような形象が読める。。
①（「考えられない」ではなく「考えない」という表現になっているのだから）衰弱のあまりもう家族のことさえも考えられない、というわけではない。
②（考えないのが少年の意思だとすると）家族のことを思い出すのがつらいのだろう。
③（「考えない」という事実のみ示した表現とすると）少年は何も考えず、ただ生きているという状態なのかもしれない。
④（③とすると）人間社会の中で、家族と共に生きてきた「哲夫」ではなく、「少年」という生き物として生きている。
⑤ウミガメに似ている。（「自分の産んだ卵が、ちゃんと故郷の海へ戻ったのかも、心配しません」というウミガメの存在の仕方に一脈通じているかもしれない。）

(3)　卵を食べたことの描かれ方

前節のように考えられるとするならば、餓死の瀬戸際にいる少年が心理的葛藤や罪悪感を覚えずに、生きるためにウミガメの卵を食べてしまうことは、当然のことである。生き物が文字通り生きようとする行為に何の罪があろうか。

悪いとは感じません。

「食べてはいけないのに…」「食べてもいいだろうか？」といった迷いは一切書かれておらず、短く、強く言い切る表現で述べられている。少年の良心が麻痺しているのではない。話者の語り口からは、少年を非難するようなニュアンスは、ほとんど感じられないのである。

(4)　ウミガメの卵がもたらす生命感

日ざしの暑さとまるで違う、ぬくもりが体の底から、指の先にまでゆったり広がっていきます。

六月から八月にかけての、真夏の沖縄の日ざしである。ギラギラと照りつけ、衰弱した少年にさらにダメージを与える日ざしである。「日ざし」はいわば、少年を死に向かわせる方向の力として作用する。それに対し、「まるで違う」のだから正反対の方向、つまり少年に生の力を与えるのがウミガメの卵なのである。

卵を食べる前には、少年の「体の底」にも「指の先」にも「ぬくもり」は無かったのだ。それが体のすみまで広がったのである。少年の衰弱の激しさと共に、卵がもたらした生命感の温かさを押さえておきたい。卵を食べたことによる影響は肯定的なものなのである。

甘く、滑らかです。

のどをすべり降りていく、少し温かいヌルヌル。

鶏の卵よりずっと柔らかい、殻さえ甘い。

さらに、右記の部分にあるように、卵を食べるときの少年の感覚に寄り添った表現は、「甘い」「滑らか」「柔らかい」と並んでおり、肯定的な形容で一貫している。食べてしまうことが、卵を守るという最初の意図に反することは明らかだが、それが悪いことのようには表現されておらず、快の感覚と共に述べられているのである。

(5) 少年は死んだのか？

海へ入ってゆく前の少年は、「卵を抱いてうずくまったまま、一日じゅう、海を眺め」ている。少年の目に映る日の出、日の入りの海は美しい。少年がやがて沈んでゆく海は、とても美しく描かれているのだ。そして、美しい海の方を向き、じっと動かない少年の姿は、孵化して海へ帰ってゆく日を待っているウミガメの卵のようだ。そういう描写を経て後の、二つの文なのである。

少年が海に沈んでゆく様子を書いた二文は、単に死んだという事実を述べているのではなく、とても幻想的な表現になっている。その二つの文から読み取れる形象を列挙する。

卵の最後の一つをすすりこむと、少年は、フッと、満ちてきた潮に滑り入り、底へ沈んでいきました。

「最後の一つ」

① ガマに運び込んだ二百個以上の卵を全て食べた。

② かなりの日数が経過したのではないか。

③ もうこれ以上、少年の命を永らえさせてくれるものはなくなった。

④ 孵化すべきウミガメの卵は無くなった。

「フッと、満ちてきた潮に滑り入り」

① 「飛び込んだ」のでも「落ちた」のでもない。

② 静かで滑らかな動きで、すうっと水へ入っていった。
③ 何の準備も、ためらいもなく、そうした。
④ 自分から潜っていったかのような表現。
⑤ 枯葉が枝から離れるように、この世界から離脱していった少年。

「底へ沈んでいきました」
① 少年の命が尽きたということ。
② 直接的に「死んだ」とは書いていない。
③ 海の深みへ消えていった。
④ 行方がわからなくなった。

あったかい、海の水が甘い。
① 非現実的な表現。（海の水は塩辛いし、深みの水は冷たいはず。）
② 少年の感覚を通して描かれている。
③ 心地良い感覚。傷みや苦しさ、恐怖とは無縁の感覚。
④ ウミガメの卵をすすったときに広がった「ぬくもり」や、「少し温かいヌルヌル」の卵と同じく、海の水も「あったかい」。
⑤ 少年の命を永らえさせたウミガメの卵が「甘く、滑らか」で、「殻さえ甘い」のと同じく、海の水も「甘い」。
⑥ 海は、少年の命を支えたウミガメの卵と同じ。
⑦ 命を守ってくれる海が少年を優しく包み込んでゆく。
⑧ 死んでゆくのではなく、少年の命が海へ帰ってゆくかのような表現。

4 授業づくりの方法

この作品で生徒につけさせたい「読みの力」はいくつもあるが、ここでは、文章の書かれ方、言い換えれば、話者の語り口の特徴から作品内容の読解を深めるという側面について述べたい。描写している話者の視点の変化に応じて読むことを教えたいのである。

この作品は、第三者としての話者が設定されているのだが、その話者がある箇所ではウミガメに、またある箇所では少年に寄り添って描写している。あたかもウミガメや少年の感覚（視覚、触覚など）を通して描写しているような文体に気づかせたい。たとえばこんな発問をしてはどうだろうか。

「話者（語り手）が客観的に述べている部分とは違う描

写の仕方があります。それはどこ?」

「たとえば、『卵の最後の一つをすすりこむと、少年は、フッと、満ちてきた潮に滑り入り、底へ沈んでいきました。』の文と、その次の『あったかい、海の水が甘い。』の文とは、語り方がどう違っていますか?」

『あったかい、海の水が甘い。』とあるけど、そう感じているのは誰?」

「少年の視点から描写している箇所は他にどこ?」

「ウミガメを通して描写している箇所も探してみよう。」

描写の語り口から、話者の価値観や評価的態度を読み取ることも教えたい。描かれている内容、たとえば展開する出来事や登場人物の行為などの善悪を、読者の価値観や実社会（世間一般）の評価尺度のみによって決めつけないように読ませたいのである。もちろん、一般的な価値判断を無視するわけではないが、描写している話者は、肯定的に語っているのか、あるいは否定的なのか、そういった語りの特徴から、少年の描写を読み、その行為の意味を考えさせたい。次のような発問が考えられる。

「少年の行為から、肯定的な意味と否定的な意味の両面を読み取ろう。」

「たとえば、卵を割って食べてしまう行為に、肯定的な意味はないかな?」

「話者は、肯定・否定のどちらに重点を置いて少年の行為を描写していますか?」

「たとえば、少年が死んでゆくところは、どんなふうに描かれていますか?」

「海に沈んでいくことは、少年にとって嫌なこと?それとも、心地良いこと?」

「海に沈んでゆくことが、心地良く肯定的に描写されていることには、どんな意味があるのだろうか?」

作品中には、ウミガメを視点人物とした描写箇所がある。そんな非現実感が強いファンタジックな語り口からも、童話集という作品の成り立ちからも、この作品に限っては、普通なら理屈に合わないような「読み」の可能性に踏み込んでみたい。先に示したような発問を経た後なら、さらにこんな発問も許されるかもしれない。

「少年は死んだのかな? 子ウミガメが最後に登場することには、どんな意味が込められているのだろう?」

11 説明的文章「文化を伝えるチンパンジー」（松沢哲郎）
――光村図書・中学校二年

高橋 喜代治（埼玉県三芳町立三芳中学校）

1 教材の概要と教材の分析

「文化を伝えるチンパンジー」は、西アフリカのギニア共和国にあるボッソウという村の近隣の森に住むチンパンジーの文化の始まりと継承について述べた説明文である。筆者の松沢哲郎氏は霊長類学者だ。

文章は二十八の段落から構成されているが、前文、本文、後文という三部構造で考えると、1段落から6段落までが前文、7段落から27段落までが本文、28段落だけが後文ということになる。

1段落から6段落までの前文で、なぜ筆者はチンパンジーの研究をするようになったのかが、筆者自身の人類の起源への興味と関係づけて熱っぽく語られている。

筆者によると、チンパンジーは日本ザルなどの霊長類の中でも最も人間に近く、「しっぽ」もないし、DNAもかなり似ていて、「約五百万年前までは、ヒトとチンパンジーは同じ生き物だった」（4段落④文）という。そこで筆者はチンパンジーのことを「一人」「二人」と数え、「男性」、「女性」と、親しみを込めてよぶのだそうである。

6段落に、その研究の動機が次のように述べられている。

最近取り組んでいるテーマは、人間と同様に、野生チンパンジーにも存在するらしい文化についてである。人間の心や行動、社会生活は、体と同じく進化の産物である。とすれば、人間の文化の起源を調べるには、チンパンジーの行動を観察することが有効だろうと考え、わたしは研究に取り組んでいる。以下は、アフリカで彼らの文化を調べたフィールドワークと実験の記録である。

[7]段落から[14]段落までが本文Ⅰである。ボッソウの森とその近隣、計四つのチンパンジーの群れをフィールドワークした記録が[7]段落から[13]段落で述べられ、[14]段落でその考察がなされる。記録の要旨は次のようになる。

> ボッソウの森には二十人ほどのチンパンジーのコミュニティーがあって、アブラヤシの種を石で割って食事にすることが代々行われている（文化の定義）。ボッソウのコミュニティーの近隣にも他にA、B、Cの三つのコミュニティーがあって、それぞれ種を割って食べるが、その種類が違っていた。

その結果は[13]段落で次のようにまとめられている。

ボッソウのチンパンジーは、アブラヤシの種をたたき割ってその中の核を取り出して食べるが、クーラとパンダは食べない。理由は簡単で、クーラとパンダの木がボッソウの森にはないからだ。Aにはアブラヤシの木があり、種も落ちているのに、なぜかアブラヤシの種を割らない。また、Bには三種類の木があり、種も落ちているのに、なぜかパンダの種だけは食べない。Cにはクーラとパンダの木があり、どちらの種も食べる。調査した結果をまとめると下の「種割り表」のようになる。

	パンダ	クーラ	アブラヤシ
ボッソウの森	×	×	○
A（ボッソウの森から東へ5キロ）	×	×	□
B（ボッソウの森から東南へ10キロ）	□	○	○
C（ボッソウの森から西へ40キロ）	○	○	×

○：種があり割る
×：種がない
□：種があるのに割らない

（表は高橋が一部手を加えている。）

筆者は[14]段落でこの結果について考察を加えるが、特に□印に注目し次のように推理する。

興味深いのは種が手に入るのに割らないという現象だ。手に入るか入らないかという環境的な問題だけは、単純に説明がつかないのである。これは、コミュニティーごとに、どの種を割って食べるかということが、文化の違いとして決まっているのだと考えられる。人間でいえば、ナマコが手にはいるかどうかと、それを食べるかどうかは、それぞれの地域の環境と、文化の在り方によっている。おそらく同様のことなのだろう。野生のチンパンジーのコミュニティーにも、固有の文化があると想像できる。

つまり、木の実の種があっても割らないコミュニティーと割るコミュニティーがあるのは、文化の違いであり、固有の文化があると推理するのである。

本文Ⅱは15段落から27段落までである。本文Ⅱの推論の結論を受けて15段落で、「では、そのような文化的伝統は、どのように始まり、どのように継承されていくのだろうか」と問題提示を行っている。そしてその問題提示の解明のために実験を行う。

16段落から21段落までが、実験とその観察である。実験はボッソウの森に石とクーラとパンダの種を置き、チンパンジーたちが割るかどうかを調べるというものである。この二つの種はボッソウの森には生育していない。ボッソウのチンパンジーの大人は九人。このうちクーラの種を割ったのはただ一人、「ヨ」という女性のチンパンジーだった。だがこの「ヨ」もパンダは割らなかったのである。つまり、「ヨ」はクーラについては知っていたが、パンダについては知らなかった、ということがわかったのである。

この実験結果から筆者はつぎのように推論を展開する。22〜24段落である。

なぜ、クーラの種が食べられることをヨは知っていたのだろうか。このなぞを解くためには、チンパンジーのコミュニティーの成り立ちを考えに入れる必要がある。通常、チンパンジーのコミュニティーでは、十歳を過ぎるころになると、「女性」はコミュニティーの外へ出て行く。そして、外部のコミュニティーから新しい「女性」が入ってくる。したがってヨの場合は、ボッソウの森の出身ではない可能性が高い。（22段落）

では、ヨはどこから来たのだろうか。地理的条件を考えると、ボッソウに来る「女性」の出身地は、A・B・Cのいずれかである。ここで、例の「種割り表」を改めて見直してみよう。ヨは、アブラヤシとクーラの種を割った。パンダの種は割っていない。この条件に該当するパターンを探してみると、ヨの出身地はコミュニティーBしかないということになる。（23段落）

もしヨがC出身のチンパンジーなら、パンダも割るだろう。A出身なら、クーラを割らないだろう。B出身の者だけが、パンダを割らずにクーラとアブラヤシを割るはずだ。ヨは、約十キロ離れたコミュニティーBに生まれ、そこでクーラを割る技術を身につけた。そして年ごろになってボッソウにやって来たと推測できるのである。（24段落）

25段落、27段落は種割り文化の継承の仕方についての実験とその結果について述べられている。そして27段落で、実験結果のまとめ、すなわち「文化的伝統は、どのように始まり、どのように継承されるのか」という問いに対する答えが述べられる。「コミュニティーを移動する『女性』が、文化をほかのコミュニティーに伝えていく可能性が示唆された。」（①文）と「コミュニティーの中に、新しい文化を持ってきた『女性』は、やがて親となり、その子供たちに新しい文化を伝えいく。」（②文）である。

28段落は後文で、チンパンジーは人間と同様に文化を持ち、コミュニティーが互いに影響しあいながら変容していく、とまとめている。

2 論理展開の特徴

これまで述べてきたことでわかるように、説明文「文化を伝えるチンパンジー」の論理展開上の特徴は、「事実」と「考察」の関係にあると言ってよい。しかも「しりとり」的になっている。つまり、事実（フィールドワークや実験の観察結果）が前提や新たな疑問となって次々に推論が展開していくのである。

例えば、本文Ⅱの実験と結果（事実）から、次のように考察としての推論が行われる。

（□内の数字は段落番号）

20 事実　実験結果　「ヨ」はクーラの種を知っていた。
21 事実　実験結果　「ヨ」はパンダの種を知らなかった。

22 考察 疑問　なぜ、「ヨ」はクーラの種を知っていたのか。
前提　チンパンジーの「女性」は十歳を過ぎると外コミュニティーから来る。
結論　「ヨ」はボッソウ出身ではない可能性。

23 考察 疑問　では、「ヨ」はどこから来たのか。
前提　「ヨ」はアブラヤシとクーラの種を割ったがパンダの種を割っていない。（実験結果）
前提　この条件を満たしているのはBのコミュニティーだけである。

24 考察 結論　「ヨ」はコミュニティーBで生まれ、そこでクーラの種を割る技術を身につけ、ボッソウにやって来た（だから、クーラの種を知っていた）。

そしてこの24段落の結論と25・26段落の実験と観察結果を前提にして、

①コミュニティーを移動する「女性」が、文化をほかのコミュニティーに伝えていく可能性が示唆された。

②新しい文化を持って来た「女性」が親となり子どもに伝えていく過程でそれまでとは少し違う新たな文化が生まれていく。

――という結論に達するのである。

3　何を教えるか

「説明的文章では何を読むのか」ということだが、私は書かれた事実と書かれ方（論理）を読むことだと考える。この「文化を伝えるチンパンジー」では「事実」の読みではチンパンジーについて書かれていることがらを正確に読み取っていくのである。そうすることで子どもたちの認識が深まり広がる。また、論理の読みでは、本文Ⅱの論理関係で大まかに示したように段落相互、文相互の関係（論理）の展開を読み取っていく。そしてさらに、その事実と論理が現実に照らしてどうか（事実の吟味）、論理に整合性があるか（論理の吟味）を検討していく。

さて、この「文化を伝えるチンパンジー」でどんな力を生徒たちにつけられるか。前述したように、この文章の特徴は推論の巧みさにあり、そこにこそおもしろさもあると言える。実験の結果（推論）が新たな疑問を生み、その疑問の答え（結論）が前提となって新たな結論を導

くのである。その最終の結論が、

> コミュニティーを移動する「女性」が、文化をほかのコミュニティーに伝えていく。

であった。これはあくまで仮説である。だから、筆者も用心深く「可能性が示唆された」と述べている。

ところで、「コミュニチィーを移動する『女性』が文化を伝える」とすると、「種割表」から、新たに次のような問いが生まれてくる。

①これまで、ボッソウやBのコミュニティーからAに移動した「女性」はいなかった。いないとすればなぜか。

②これまで、Cのコミュニティーから Bのコミュニチィーに移動した「女性」はいなかった。いないとすればそれはなぜか。

この「コミュニティーを移動する『女性』が文化を伝える」という結論を観点にして、フィールドワークの観察の結果であるチンパンジーの種割りを検討してみるのである。

4　授業づくりの方法

まず、授業シミュレーションを示す。

教師　チンパンジーのコミュニティーの文化の始まりと継承の最終結論は？

子ども　コミュニティーの「女性」チンパンジーの移動が文化をほかのコミュニティーに伝え、新しい文化になる。

教師　それから？

子ども　その女性が親になり、子どもにその文化を伝えていく。

教師　そうですね。では、この表を見てください。（前掲の種割り表を大きく書いたものを示す）このチンパンジーの種割り表から、筆者はどんなことを考察しましたか。

子ども　野生チンパンジーのコミュニティーにも固有の文化がある。

教師　それから、さらに実験の結果とあわせて……。

子ども　「ヨ」は、コミュニティーBからボッソウに移動して来た。

教師　そうですね。ところで、さっき確認した最終結論、「女性」のチンパンジーが新しい文化を伝え、継承させる、という観点からもう一度この「種割り表」を検討すると、なにか分かることはない？または疑問はない？

子ども　……。

教師　Aのようにアブラヤシの種があっても割らないということは、外からの「女性」の移動は？

子ども　なかった。

教師　そう、同じように、Bにも？

子ども　外からの「女性」の移動はなかった。

教師　ほかの可能性は？

子ども　「女性」の移動はあったけれど伝えなかった。または伝わらなかった。

教師　なぜ伝わらなかった？

子ども　子どもに伝える前に死んでしまった。

教師　そういう場合もあると思うけど、長い年月には一人くらい「ヨ」のように長生きした女性もいるかもしれない。

教師　他に？

子ども　AとBはできたばかりのコミュニティーではないですか。

教師　どれくらい？

子ども　「女性」が移動してきても、子どもに文化を伝えられないくらい。第十八段落に「四歳以下では石器は使えない」とあるし、コミュニティー全体に伝わって文化となるには世代を繰り返さないといけないから、二十年くらいかな。

教師　なるほど、おもしろい推理だね。これらのことを詳しく知るには、どんなことを調べたらいい？

子ども　チンパンジーの「女性」の移動について、もっと詳しく調べたらいいと思います。

この授業（シミュレーション）では次のような読みの力の訓練が期待できる。

まず、ある論理をもとにデータを吟味する力である。教師の指示、発問にもあるように、筆者は「種割り表」から「ヨ」というチンパンジーの女性がコミュニティーBからボッソウの森に移動してきたということを推理している。が、「女性のチンパンジーが新しい文化を伝える」というチンパンジー社会の一般化された論理で再度この種割表を見直すと新しいことが読めてくる。それが、「Aには外からの女性の移動がなかったかもしれない」

などの新たな「問い」である。

「問い」を見い出せること自体が、国語の力の一つと言える。

それも、文章の読解と関連づけてでないと意味がない。この文章の特徴である実験と考察の論理展開（前提と結論の推論）をしっかりたどり最終結論を読み取らないと、「種割り表」への新たな問いは出てこないのである。

次に、発展的な学習の方法の力がつけられる。それは論理に基づく発展的学習の方法である。筆者が展開した本文Ⅱの論理展開から「種割表」を吟味することで、「コミュティAやBには他からの女性チンパンジーの移動はなかったかもしれない」という推理を子どもたちはもつことができる。そして、その推理を調べ学習などで発展的に確かめるのである。

5　おわりに

専門家がチンパンジーの文化について述べた文章を素人である読者やさらに経験と知識に乏しい生徒が読む場合はおのずとその読解に限界がある。特に取り出され書かれた事実に対しては、その真偽を照らし合わせる現実の事実を持ち合わせていない。そういうときは私は書かれた事実に対する疑問の提出でよいと思っている。だからこの「文化を伝えるチンパンジー」では、「種割り表」への問い、調べ学習への発展という授業を構想した。

Ⅱ 「確かな学力」を保証するスポット実践

1 国語の授業で「大喜利」をしよう！

――言葉遊びの世界

鈴野 高志（茗溪学園中学校高等学校）

1 はじめに

寄席などで落語の合間に催される色物の中に、「大喜利（おおぎり）」という遊びがある。司会者が出すテーマに合わせて一列になって座っている「回答者」たちが面白おかしい答えを返してお客さんを笑わせる遊びである。テレビの「笑点」などを見て、子どもたちもおおよその雰囲気はわかっているだろう。

ここでは、三時間の授業の最後の一時間に班対抗（一班は五、六人程度）の大喜利大会を催すことを目標にした授業プランを提案したい。

なお、本稿では、大喜利の中で行われる一つひとつの言葉遊びをまとめて「遊び」とし、その中で出題される小さなテーマを「お題」と呼ぶこととする。

2 遊びの種類とお題の提示（一時間目前半）

「大喜利大会」の準備として、子どもたちには事前にその大喜利の中でどのような遊びを行うか、またその中でどのようなお題を取り上げるかを知らせておく必要がある。遊びやお題を回答者に前もって知らせずに「ぶっつけ本番」で行う大喜利もあるが、小学生にはそれは難しい。むしろ、事前に「班対抗」にする旨まで知らせておくことで、対抗意識と班内の結束、ひいては準備の周到さや緻密さを引き出すことができよう。

遊びの種類については、まず大喜利の基本とも言える「なぞかけ」から入るのがよい。なぞかけは、「〇〇（お題）とかけて□□と解きます。その心は△△です。」という形式で、提示されたお題と何か共通点をもつ□□に入る語と、共通点である△△の部分を考えて答える遊びである。教科書では「『秋の夕日』とかけて『おふろ上がりのお父さん』ととく。その心は『どちらも、真っ赤です。』」という例が挙げられているが、「その心は△△です。」の△△にあたる部分は、できればそれ自体がシャレになっているか、または二重の意味をもつもの（例「『コップ』とかけて、『勝負のつかない相撲』と解きます。その心は、『水が入ります。』」）である方が、言葉遊びとしてのレベルは高いものになるが、小学生ならば、無理せずに教科書の例のようなものでかまわないだろう。

教師が提示するお題は、できるだけ子どもたちにとって身近で、多くの属性（特徴）をもつものがよい。属性が多ければ多いほど、他のものとの共通点を見出しやすいからである。たとえば「野球」というお題なら、「～『どろぼう』と解きます。その心は『（球を）とったり、（塁を）盗んだりします。』」とか「～『台所のお母さん』と解きます。その心は『フライをあげることもあります。』」、あるいは「～『洋食になれていない人』と解きます。その心は『ときどきフォーク（ボール）を落とします。』」などのような回答が思い浮かぶ。

ただし、これにも限界があるので、実践的には、教師からは「スポーツなぞかけ」という大枠の提示だけをして、「○○」（お題）の部分も子どもたちに自由に選ばせるのがよいだろう。それならば、「野球」の他にも、「『卓球』とかけて『クイズに正解』と解きます。その心は『ピンポーン！』」とか、「『剣道』とかけて『おそば屋さん』と解きます。その心は『めんを打ちます。』」など、回答の幅が大きく広がる。同様に、「動物なぞかけ」や「家の中にあるものなぞかけ」など、たくさんの「お題」が見つかりそうなテーマが考えられる。

「なぞかけ」以外にも、小学生が回答を考えて楽しめる大喜利の遊びとして次のようなものが挙げられる。

・あの町この町・・・世界や国内の地名をもとにシャレを作る遊び

例1　回答者「3と6の間にある町です。」
司会者「どこですか？」
回答者「シカゴ（4か5）」

例2　回答者「お花が開いて感心する町です。」
司会者「どこですか？」
回答者「さいたま（咲いた、まあ！）」

右の例2のような場合は表情や身振りつきで答えると大きな笑いが期待される。

・とんち相撲・・・対比的な二つもので架空の対戦をさせ、決まり手をシャレで表す遊び

例1　回答者「クリスマスにはお正月。」
　　司会者「どっちが勝ったんですか?」
　　回答者「ツリー出し（＝つり出し）てクリスマスの勝ち。」

例2　回答者「店員さんにはお客さん。」
　　司会者「どっちが勝ったんですか?」
　　回答者「売っちゃって（＝うっちゃり）店員さんの勝ち。」

・折り込み川柳・・・平仮名で三文字になる単語（「ん」が入らないもの）の一字ずつを五七五の頭文字にして川柳を作る

例　お題「バケツ」
　　バリカンで
　　ケを刈りすぎて
　　ツるつるに

特定のだれかを傷つけるような内容でなければ、このくらいくだけたものがあってもよいだろう。教室は笑いに包まれるに違いない。

また、この折り込み川柳のお題についても、なぞかけと同様、一単語だけに固定せずに「家の中にあるもの」等テーマを決めつつも選択の余地を残した形で提示するのがよいだろう。

なお、「折り込み川柳」については、『国語授業の改革④』でも町田雅弘が紹介しているので参照されたい。

3　ネタの仕込み（一時間目後半〜二時間目）

遊びの種類やお題が教師から提示されたら、次は子どもたちにはネタ、すなわち大喜利本番での回答を仕込む作業を行なわせる。できれば、学校の図書室などがよいが、そうでなくても辞書や事典、あるいはインターネット等が参照できる環境が望ましい。「なぞかけ」や「折り込み川柳」では国語辞典が役に立つし、「あの町この町」では地図帳等が効果を発揮する。また、「とんち相撲」では本来の相撲の決まり手にどのようなものがあるかを知らなければならないので、相撲に関わる文献やインターネットでの調べ学習が必要となる。

そのさい、教師は各班を巡回しつつ、同じ答えが複数の班から出ないように調整をしたり、答えに行き詰まっている班には「『野球』と言えば、ほら、ピッチャーはいろんなボール投げるよね。」といったヒントを出してやったりする必要がある。

一通り回答を作り終えたら、班の中で分担と出演順を決めたい。本番では一つの遊び、もしくは一つのお題について、各班から一または二名（クラス全体の人数や班の数に合わせて決める）が出演してきて答える。終わったら、各班とも次の出演者に一斉にバトンタッチする、ということを伝えた上で班ごとに決めさせればよい。

4 本番・大喜利大会（三時間目）

開始時には、「笑点」のテーマ曲を流すと盛り上がる。司会は、初めての場合は教師が務めるのが妥当である。観客は、出演を待っているか出演を終えた子どもたちでよいが、一定の緊張感を持たせるために他クラスの子どもたちや父母（参観日に行なう）に観てもらうこともできそうだ。出演する子どもたちがそれぞれ何班の所属であるかということを高座（舞台）上にわかるように示しておき、観客（当該クラスの子どもの場合は自分の班以外には面白かった答えに対して）が票を入れていき、最後に、一番多くの票を得た班を「優勝」とする。

5 「大喜利」で身につく力

言葉遊びは文字通り言葉を用いた「遊び」である。しかし、回答を仕込む過程や本番で聞く他の班の回答によって、子どもたちは一つの言葉から連想されるものを言語化したり、単語や音から派生する意味の二重性に気づいたりすることができる。また、本番の大喜利大会では身振り手振り等も含めた表現や語調を工夫することで一層の笑いが得られることも体感できる。みんなで笑い合いながら、言葉のもつ多様な面白さに気づかせたい。

2　擬声語・擬態語の豊かさを実感させる

——音やようすをあらわす言葉

佐藤　建男（科学的「読み」の授業研究会運営委員）

1　伝える—言葉の楽しさの原点を感じさせる

擬声語・擬態語は、言葉のもつ面白さを最も分かり易い形で示している。

①擬声語・擬態語がどのようにできたかを意識させ、使い方を考えさせる。②実際に使ったり、動作を交え表現させたり、問題を作ることなどに取り組ませながら、擬声語・擬態語の豊かさ、面白さを実感させる。③お互いのやりとりを楽しませ、言葉本来の楽しさ、豊かさ、伝えることとの意味を実感させる。——などを指導のねらいとして設定できる。低学年の子どもたちへのこうした指導は、子どもの感受性・表現力を豊かにすることに少なからぬ意味をもつはずだ。

2　導入はマンガで

マンガは擬声語・擬態語の宝庫である。たとえば、『ワンピース』の三十七巻一六三頁には、「・ざわざわ・どーん!!・ポーッ!!ガコン…・シュッ…・ざわっ…」が出ている。このページを拡大し、提示する。

教師　（マンガのページのその部分を指しながら）「ポーッ」って書いてあるけど、これは何の音？

子ども　汽車の音、汽笛の音。

教師　そうだね。汽笛の音、そういう感じがするね。みんなで言ってみようか。せーの！

子ども　ぽーっ。

教師　なんか、みんなで言うと、ホントに汽笛みたいな感じがするね。

子ども　（笑）

教師　汽笛の音をまねして、似たような言葉で表しているんだね。（と言いながら、左のように板書）

> 汽笛の音＝「ぽーっ」→音をあらわす言葉

教師　今度はこっちだよ。この「ひらひら」は、何を表しているの？
子ども　ちょうちょが飛んでいるようす。
教師　そうだね。ちょっとその様子を手で表してみよう。
子どもたち　それぞれ、手のひらでやってみる。
（「手の動きが柔らかく軽やかなものの感じが出ているね。」などと言葉をかける。）
教師　どんなものが飛んでるの？
子ども　うすいもの。
子ども　軽くてひらべったいもの。
子ども　ちょうの羽だ。
教師　そういうものがどんなふうに飛んでいるの？
子ども　ゆれながら飛んでいる。
教師　そんな様子を表している、そんな様子が感じられる言葉だね。じゃあ、「そよそよ」はどうだろう？
子ども　風がふくようす。
教師　どんな風？
子ども　春の風。やさしい風。あたたかい風。そよ風。
教師　そうだね。春の日差しの中で花をゆらすようなそんな風がふいてくる様子が感じられるね。

（と言いながら、左のように板書）。

ちょうちょがとんでいるようす ＝ひらひら
やさしく風がふくようす　＝そよそよ
↓ようすをあらわす言葉

こういうふうに、音を表す（と言いながら、音の横に線を引く）言葉や、ようすを表す（と言いながら、ようすの横に線を引く）言葉があるんだね。

3　音を表す言葉

教師　（「かえるのうた」の「クワクワクワクワ／ケケケケ…」を示しながら）、「ポーッ」のような「音をあらわす言葉」（板書した部分を指しながら）をこの中から探してみよう。どれかな？
子ども　クワクワ…、ケケケケ…。
教師　これは何の音なの？
子ども　かえるの鳴き声。
教師　そうだね。教科書の次のページの「トントントンなんの音」ってあるけど、これは何の音？
子ども　ドアをたたく音。

子ども　ドアをたたくとそういう音がするよ。
教師　じゃあね、「ドンドンドン」は？
子ども　それもドアをたたく音。
教師　「トントントン」とどう違うかな？
子ども　ドンドンの方が強くたたいている感じ。
教師　そうですね。同じドアをたたく音でも、普通にたたくときと強くたたくときで、表し方を変えているんだね。こんなふうに、「トントン」と「ドンドン」の言葉の違いで、たたき方の違いも分かるんですね。
教師　では、これは何の音だろう？
二つを比べてどう違うか考えてみよう。
（擬声語を画用紙に書いておき、黒板に貼る）
①「ポチャン」と「ボチャン」
池や川などに何か石などが落ちる音。
落ちる物の大きさの違い。
――などの意見が出る。
②「カチャン」と「ガチャン」
何か割れる音。ぶつかる音。
ぶつかった物の大きさやぶつかるときの勢いの違い。
――などの意見が出る。

比較的簡単に分かるので、盛り上がる。時間があればもっとたくさんの例を挙げてみてもいい。

4　ようすを表す言葉

教師　わらう様子にはどんな言葉があるかな？
子ども　ニコニコとかにっこりとか。
教師　そのとき、音はするの？
子ども　しない。
教師　音は、しないよね。そういう感じがするからなんだね。じゃあ、「キラキラ」って言ったら？
子ども　星！　何かが光っている。
教師　どうしてキラキラなんだろう？
子ども　だって、キラキラって、キラキラ光ってるんだもん。
教師　うん、キラキラって、光ってる感じをよく表しているんだねー。同じ光ってる感じで「ピカピカ」というのもあるね。
教師　じゃあ、元気な様子は？
子ども　モリモリ！
教師　元気モリモリの格好は？どんなの？やってみて。
子ども　（腕を曲げて見せる）

教師　筋肉がモリモリと盛り上がるからなんだろうね。こんなふうに、何かの様子が目立つところを言葉にしてできたんだね。

5　楽しみながら理解したことを広げる

(1)音・ようすを表す言葉の当てっこをしてみよう

用紙とマジックを用意。一人ひとりが自分が考えた音・ようすを表す言葉を画用紙に書く。

黒板に貼り付け、何の音・様子か他の子に当ててもらう。

バリバリ　音　　お菓子のふくろをやぶる音
　　　　　　　　おせんべいをかじる音
　　　　　　　　かいじゅうが木をたおす音
ポツポツ　音　　雨の降り始めの音
　　　　　ようす　湿疹が出る・芽が出始めた様子
シーン　　ようす　物音一つ聞こえず、静まりかえっている様子
ザワザワ　音　　騒々しくなりかけた人々の声
　　　　　　　　木の葉・草の風に揺れる音

(2)みんなで問題を作ってみよう

上段に擬声語・擬態語、下段に何の音・どういう様子を書き出し順番を入れ替える。それを班で作り、別の班の子どもたちに当ててもらうゲームである。それを繰り返すうちに擬声語・擬態語に習熟していく。

6　自分で考えた言葉を作る

教師　こんな言葉、聞いたことがあるかな？「ろいくいちっぷきゅりりりり」どう？　何の音だろうか。

子ども　えーっ？

子ども　なんか分からない。先生が勝手に作ったんじゃないの？

教師　おーっ、するどい！　これはね、先生じゃないけど、谷川俊太郎という有名な詩人が自分で考えた鳥の鳴き声なんです。これからね、自分だけの「音やようすをあらわす言葉」を作ってみよう。

ノートに書いたり短冊を配って書かせて貼ったりしてこの授業全体のまとめとする。このとき、「音」を表すのか「ようす」を表すのか、必ず区別するようにさせることに留意する。

3 学習ゲームで接続語の楽しさを学ぶ

――文と文をつなぐ言葉

平野 博通（名古屋市立東陵中学校）

1 文法ってどうしてあるの？

「文法」というと、それだけで敬遠する子どもは多い。そんな中で私が心がけているのは、文法の知識があることで、文学作品や説明的文章などの生きた文章の読みとりが確かに深まっていくという実感を子どもたちにもたせることである。動詞の活用や助動詞の意味などの指導を取り立てて行う際に、活用の種類や機械的な意味の見分けが答えられるということに止めずに、実際の文章を読むための方法として、それらが応用できることを重視する。

だから生徒には、文法を学べば学ぶほど、深く読めるようになるのだということを特に強調しながら指導している。

2 どのように文法指導を行っているか

教育出版（中学校三年）の教科書に「素顔同盟」（すやまたけし）という小説がある。その中で、取り上げた例を紹介する。

教師 「その朝も目を覚ますと仮面をつけ、鏡に向かった。」とあるが、この冒頭の一文から読めることはないかな。（導入部の形象よみ）

子ども 「時」が読めます。この事件は朝のできごとです。

教師 どの言葉から、そう読んだの？

子ども 「その朝」です。

教師 なるほどね。すると、この一文では、仮面社会での出来事はその朝だけのできごとだと暗示しているわけかな。

子ども 違います。毎朝、毎朝の繰り返しだと思います。

教師 それはどこから分かるの？

子ども 「その朝も」です。「も」はその日も昨日も同じことが繰り返されていることを表しています。

教師　そうだね。「その朝は」というのと、「その朝も」というのでは、意味が違うから気をつけないとね。では、「も」は、文法的に何というのか、覚えているかな？

子ども　副助詞です。他を類推する働きがあります。

教師　そうだね。だから、「その朝も」というのは、時間的な設定として読むよりも、毎朝毎朝異常な状態が続いているという状況の設定、つまり事件設定として読めるんだね。

3　接続語はこう教える

説明的文章の読み取り指導をする際に、接続語の指導は欠かせないものである。それは文と文との関係を示すものである。文と文とのつながり（文脈）を読みとることこそ、説明的文章で筆者の論旨をつかむ際に必要なことであり、それが小説の読み取りの基礎にもなる。

では、接続語を教える際のポイントは何か。それは、文と文、語と語の関係をつかませるということである。

では、接続語を中学校一年で、取り立て指導する際の実践例を紹介する。

まず、初めに「つながりゲーム」を行う。準備するものは特にない。席を立って、「始め」の合図で教室内を歩き回るのである。

ゲームを始める前に、指導者は生徒にテーマを与える。たとえば「学校」など。生徒は、各自一つだけテーマから連想する言葉を考える。小学生ならば、自分の考えた言葉を忘れてしまうといけないので、画用紙に書かせて持ち歩かせるとよい。「学校」というテーマなら、生徒、男子、女子、校舎、運動場、トイレ、国語、授業、おしゃべりなどさまざまな言葉が考え出されるだろう。

歩き回っている生徒が二人出会ったら、お互いの言葉を教えあう。お互いにその言葉が対等の関係であるか、包含関係があるのかを考えていく。包含関係とは、上位語・下位語の関係のことである。たとえば、「男子」と「女子」なら対等である。「男子」と「トイレ」なら無関係なので、プラスの関係である。「生徒」と「男子」なら「生徒」の方がより大きな範囲を持った言葉で、包みこんでいる。言葉の上下関係が分からない場合は保留として別の人との出会いをする。低学年ならば、一人対一人の出会いを繰り返し行うが、中学生レベルなら一度できたペア同士の関係を作っていき、さらに大きな集団にしていくとよい。何度か繰り返すうちに、大きな固まりができる。じゃんけん列車（ジェンカ）のような固まりである。一定の時間で終了させ、その場に座らせて、そのグループごとに、どのような集まりになっているのかをみんなに説明させる。たとえば、「学校にいる人」のグループであるとか、「学校の施設・備品」というグループであるとか。

最後に整理をして、次の三つのグループに分かれていることに気づかせる。

（＋）プラス型　男子と女子など対等な関係
（U）包　含　型　生徒と男子など一方が他方を包み込む関係
（＝）イコール型　男子と男の子など同じことの言い換えや説明になっている関係

それらをさらに詳細に分類していくと、それぞれの型には、さらに次のような関係の違いがあることがわかる。これは接続の関係の分類につながっている。この例は語と語の関係であるが、基本的には文と文の関係でも同じことである。文と文の関係には、次のような接続詞で分類することができる。あくまで代表的な接続詞の例であるが、どのような関係があるかを把握することができる。

（＋）プラス型の接続詞

並立・累加　男子と女子など対等に並べたり、付け加えたりするもの。（「そして」「また」「さらに」など）

対比・選択　体育館と運動場など比べたり、どちらかを選んだりするもの。これはゲームの中では並立・累加と区別しなくてよい。（「または」「あるいは」「それとも」など）

転換　塾や映画などテーマからずれていて、他の言葉と関係がつながらずに話題を変えるもの。（「さて」「ところで」など）

（U）包含型の接続詞

順接　生徒と男子生徒とか、授業と漢字テストなど前後が原因結果の関係になっているなど包含関係のあるもの（「すると」「だから」など）

逆接　授業とおしゃべりなど、前後が予想と逆の関係でつながるもの。（「しかし」「ところが」など）

（Ⅱ）イコール型の接続詞

説明　男子と男の子など同じことを言い換えたり、学生と中学生など補足説明したりするもの。（「つまり」「すなわち」「たとえば」など）

これらの接続詞の分類は、「『男子あるいは女子』でどちらか一方を選ぶかたち」「『授業中である。しかし、おしゃべりしている。』という予想と反するつながり方」などと文と文との関係に置き換えながら、説明していくとよい。小学生では、順接・逆接などの用語は提示しなくても、およその関係がつかめればよい。

接続とはつなぐということである。学べば学ぶほど、人とつながる学力を身につけさせたいものである。

4 言葉を比べさせながら語彙力の向上をめざす
――分類

五十嵐 淳（新潟県新潟市立新津第一中学校）

1 豊かな語彙は生きる力を育てる

論理的な思考力や鋭い感受性そして人と関わる力は、語彙の豊かさと密接に結びついている。語彙の豊かさが、思考力・感受性・関わりの力を支えたり、育てたりすると言ってもいい。何に対しても「ウザイ」「ムカツク」としか言わない子どもたちの表情が生き生きと輝くことはまれだろうし、「メシ・フロ・ネル」としか言わない人間の家庭生活が楽しいとは思えない。

語彙の豊かさは、文学作品の形象や、説明的文章の事実や論理を読みとるうえでも、重要な力となる。そして、形象よみや事実や論理の読みとりの中で、子どもたちの語彙力はさらに鍛えられ育てられていく。

語彙の力にはさまざまな要素があるだろうが、本稿では、そのうちの特に類義語に焦点を当てて、具体的な教材にそくしながら、分析と授業の実際について述べる。

2 類義語と比較して形象をよむ

「小さな手袋」（内海隆一郎・三省堂中二）は、「わたし」の次女シホと、かつて大連に暮らした経験をもつ宮下さんという老女との交流と別れを描いた物語である。宮下さんは、脳卒中のリハビリテーションのために雑木林に隣接した病院に入院していて、「しかも、すでに一年以上も滞留しているらしい。」と書かれている。気になるのは「滞留」という語である。類義語である「滞在」と比べさせて、この語を形象よみさせた実践を紹介する。

教師　「滞留」の類義語はなに？

子ども　「滞在」

教師　そうだね。どっちかというと「滞在」の方をよく聞くね。さあ、この二つはどう意味が違うだろう？

子ども……。

教師　「留」と「在」の訓読みは？
子ども　「とどまる」と「ある」。
教師　どう違うかな？
子ども　わかった！　「滞留」の方が期間が長いんだ。
教師　いいね。辞書にも、「滞在」は「よそに行って、そこに二、三日以上の期間居ること」、「滞留」は「旅先で長くとどまっていること」と書いてある（『新明解国語辞典』第五版）。宮下さんにとって、病院は　本来いる場所ではないところ、つまり「旅先」にすぎないんだね。とすると、この長さは、実際に長い期間であると同時に、何を表しているだろう？
子ども　心理的長さ。とても長く感じてるということ。
教師　そうだね。では、彼女の「家」はどこなんだろう？
子ども　……。
教師　宮下さんの思いがつねにあるところだよ。
子ども　わかった。大連だ。
教師　そのとおり。さて、この文の中で、他に入院期間の長さを示す言葉はないだろうか？
子ども　「一年以上も」の「も」。あと、「しかも」と「すでに」も、長さを感じさせるように思う。

3　類義語の差異から論理関係をつかむ

論説文「マスメディアを通した現実世界」（池田謙一・光村図書中三）の本文Ⅰ（1段落～9段落）の段落関係は次のようになっている。

1段落ではまず、次のように話題が提示される。「もう四十年近くも前の、わたしが子供のころの出来事です」

2～4段落は、その「出来事」をくわしく説明して、ケネディ大統領の狙撃事件を報じる宇宙中継を、「わたし」が実際に見た経験が述べられる。

5～6段落では、一転して、この事件に対するアメリカ人の対応を調べた調査結果が述べられる。

7段落は、柱の段落（形式的な）であり、次のように本文Ⅰを柱立てしている。「この出来事と調査から、マスメディアと情報の受け手との関係は次のように考えられます。」

7段落の「この出来事」が1～4段落を、「調査」が5～6段落を、「マスメディアと情報の受け手との関係は次のように考えられます」が7～8段落を、それぞれ包括している。

前述したように、8～9段落は、7段落の「マスメディアと情報の受け手との関係」をくわしく説明している。ここで問題にしたいのは、「出来事」と「事件」という語の使い分けである。「出来事」は、辞書には「世間で起こる（いろいろの）事。▽日常普通の事までを含み、「事件」よりさす範囲が広い。」とあり、「事件」は「出来事。「突発―」「殺人―」▽人人の話題になるようなものをさすことが多い。」（『岩波国語辞典』第三版）とある。

筆者は、8段落までは、「出来事」＝日常生活でのこと、「事件」＝人々の話題になるようなこと、というような意味でこの二語を使い分けているようである。事実、8段落には「マスメディアが**事件や出来事**を共有できる形で伝えている」とあり、「事件」と「出来事」を並列で扱っている。（ゴチックは五十嵐）

しかし、9段落になると、論理の展開につれて、その使い分けが微妙にズレてくる。「しかし、マスメディアの情報だけでは、わたしたちは**出来事**を実感し、納得し、その意味をくみ取り尽くすことはできません」

ここでは、「事件」をも含みこんだ、より広い意味での「出来事」に変質している。つまり、1～6段落で述べられたケネディ暗殺事件に関わる事例から、マスメディアと情報の受け手との関係についての一般論を導き出す段になると、「事件」は捨てられ、すべて「出来事」に集約されてしまうのである。

そして、これ以降は、「世界中の出来事」「その日に起こった何千、何万という出来事」（11段落）というように、広い意味での使われ方しかされていない。

表層のよみの段階でこのことを確認することは、語彙を豊かにすることに結びつくし、前述した段落関係の読みとりにも役に立つ。

教師　1段落にある「出来事」の類義語は何だろう？すぐ近くにあるよ。

子ども　わかった。「事件」だ。

教師　「出来事」と「事件」をどう使い分けているか考えよう。1段落の「出来事」は具体的には何のこと？

子ども　ケネディ暗殺のニュースを宇宙中継で見たこと。

教師　段落でいうと、何段落までを指す？

子ども　4段落まで。

教師　次に「出来事」という語が出てくるのは7段落だ

けど、7段落の「この出来事」は何を指しているの？

子ども　同じ。1～4段落を指している。

教師　では、「事件」は具体的には何のこと？

子ども　ケネディ大統領が狙撃されて死んだ事件。

教師　そうすると、「出来事」と「事件」をどう使い分けているか分かるかな？

子ども　「出来事」は日常のこと、「事件」はよくないこと、かな？　殺人事件とかって言うし。

教師　そうだね。辞書には、「『出来事』は日常普通の事までを含み、『事件』よりさす範囲が広い」と書いてあるし、「『事件』は人々の話題になるようなものをさすことが多い」と書いてある。確かに「出来事」は日常生活で起こったことに対して使われているようだし、「事件」は人びとの話題になることに対して使われているようだね。では、9段落の「出来事」はどうだろう。あるいは、11の「出来事」はどうだろう。

子ども　あっ、意味が広がっている。

教師　そうだね。なぜそうなるのかは、後で取り扱おう。

4　言葉を比べながら説明文の構造を考える

説明文の後文では、それまでに述べたことを一般化したり抽象化したりして、まとめている場合が多い。したがって、教材によっては、前文・本文を下位的な言葉でくくり、後文を上位的な言葉でくくることも可能である。例を示す。

「花を見つける手がかり」（吉原順平・教育出版小四）

＊「もんしろちょう」――「昆虫」

「外来語と日本文化」（渡辺実・光村図書小六）

＊「カード」「カルタ」「カルテ」――「外来語」――「文化」

「クジラたちの音の世界」（中島将行・光村図書中一）

＊「クジラたち」――「海で暮らす動物たち」――「動物たち」

「魚を育てる森」（松永勝彦・光村図書中一）

＊「襟裳岬」――「森と海」――「自然界」

授業では、これらの語をキーワードとして構造を考えたり、要約の参考にしたりするのである。

5 漢字の成り立ちを通して漢字のおもしろさを教える

長畑 龍介（科学的「読み」の授業研究会運営委員）

どの教科書にも「漢字の成り立ち」を教える教材が載っている。そして、いずれも、象形、指事、会意、形声の四つの成り立ちを順に教え、あとに練習問題がついている形式となっている。この通りに進めると、単に知識として教えてしまい、漢字に対する興味や関心を起こして、子ども自らが意欲的に漢字学習を進める契機には、なかなかなりがたい。

1 一番簡単に書ける漢字は？

導入を次のようにする。

> 今まで習った漢字の中で、自分で直ぐに書ける、一番書きやすい漢字を一つあげなさい。

予想される漢字（小学校高学年）

人、山、川、子、手、大、小、口、日、火、中、田

一、二、三など

おそらく、象形や指事でできた漢字が多く挙げられると思う。そこで、これらの漢字が三千年前に中国で作られ、日本に伝えられてきたこと、表音文字であるとともに表意文字でもあるという世界的にも珍しい特徴をもった文字であることなどを説明し、次のように問う。

> この中で、どのようにして生まれたのか、知っている漢字があるかな。

子どもは、「人」が人間の形、「山」は山の形からできたと答え、「中」は物のまん中に線を引いて示したと言うだろう。そこで、

象形文字＝物のかたちをかたどってできた漢字
指事文字＝意味を印や記号を使って表した漢字

と整理し、最初の漢字は象形や指事で作られた易しい漢字であったことを教える。そして、教科書巻末にあることれまでに学習した漢字の中から、象形と指事でできた漢字を探させ、一つひとつの漢字の意味を確認させる。

当然教師としては、どんな漢字が出されても対応できる準備が必要であるが、その場合困るのは、辞典や参考書によって説が違う場合があることである。

例えば「兄」という字は、形声とする説と象形とする説がある。こんな場合教師としては、指導しやすい方、「あたまの大きい、賢くなった人をえがいた象形文字」（藤堂明保『漢字なりたち辞典』）を採用してよいと思う。

2　部首の意味を知ろう

部首の名前や意味は、別に切り離して教えるのでなく、漢字の成り立ちの中で、会意や形声への発展として指導する。部首には、次の三種類がある。

（1）象形や指事でできた漢字がそのままか、やや変形されて部首になっているもの

女（おんなへん）、口（くちへん）、言（ごんべん）、衤（ころもへん）など

（2）部首にだけ使われるもの

忄（りっしんべん）、氵（さんずい）、犭（けものへん）、宀（うかんむり）など

（3）部首が2字以上でできているもの

食（しょくへん）、殳（るまた）、疒（やまいだれ）など

名前と意味を一覧表にして覚えさせ、算数の九九のように、国語の基本的な学力としてどの子にも身につけさせるようにするとよい。

3　二つ以上の字を組み合わせた漢字

まず、会意文字から教える。鳥と口で「鳴」、木と木で「林」などを例にして説明してから、次のように指示する。

> 漢字の一覧から「会意文字」を選んで、漢字の意味を説明しなさい。

予想される漢字

安、位、囲、引、飲、右、左、岩、明、信など

「花」なども「草が化けて花になった」と子どもは言うかもしれないが、認めて会意としてよい。会意でもあり、形声でもある漢字は多い。要は子どもの発想を大事にして、謎解きや発見のおもしろさを感じさせることが、漢字に対する興味、関心を高めることになる。

形声文字は、「姉」のように、意味を表わしている部分（「女」）と音読みを表わしている部分（「市」）でできている漢字です、と説明し、一覧表の中から探させる。

予想される漢字

姉、案、囲、泳、課、花、絵、感、館、議、晴など

この時に、囲や花や晴などは、会意でもあり形声でもあることとしてよいし、形声とされている「粉」なども、「分」の意味から会意でもあるとしても差し支えない。むしろ、会意を広げていくことの方が発展的。ただ、国語の指導者が複数の場合は校内で統一しておく必要はある。

4 生きた文章の中で

以上の指導をした上で、実際の文章の中で、漢字の持つ力や魅力を教えることが大切。たとえば、教科書（教育出版小五下）に次のような詩が載っている。

素朴な琴　　八木重吉

このあかるさのなかへ
ひとつの素朴な琴をおけば
秋の美しさに耐えかねて
琴はしづかに鳴りいだすだらう

この詩を提示した上で、こう発問する。

ここに使われている漢字の意味や成り立ちを、この詩の情景や主題と関係させてみると、どんなことに気づきますか。

漢和辞典なども活用し、話し合いもさせながら、次のようなことを読み取らせたい。

- 「素」＝会意、白い糸。白―秋、純粋、糸―琴の糸。
- 「朴」＝会意・形声、皮をはいだ木、ボク。木―琴の台、秋の樹木。
- 「琴」＝形声、上が琴の象形、下が音。キン―琴の音、

秋の澄みきった空気。今―今見ている風景。

・「秋」＝会意・形声。禾―実った稲、豊さ、黄金色。

火―火の色、紅葉。

・「美」＝会意、大きな羊。大は人の象形。大きく豊かな美しさ。やさしさ。人の姿。

・「耐」＝会意、精神的刑罰に耐えること

・「鳴」＝会意、鳥のように琴も自ら鳴り出す。

と読み解いていけば、いっそう詩の主題や情景が読み深められるであろう。

さらに、なぜ、漢字ではなくひらがなを使ったのかという問題も考えられる。

・「あかるさ」と「明るさ」の違い

単に日や月の光線の明るさではなく、もっと広い意味の「あかるさ」を表わしている。

・「なか」と「中」、「おけば」と「置けば」の違い

漢字にすると、「中心に置く」というイメージが強くなってしまうからであろう。

・「ひとつ」と「一つ」の違い

数の問題ではなく、かけがえのないただ「ひとつ」ということか。

・「しづかに」と「静かに」の違い

音が無いのでなく、「ゆっくりと」という意味も表わすため。「静」の画数の多さや「争」の味が詩に合わないということか。

・「いだす」と「出だす」の違い

「鳴」の方を強調したいためであろう。

漢字をかなと比較することによって、詩人がいかに言葉や文字を厳密に使い、工夫しているかを学び、日本語に対する関心も、いっそう高めることができる。

5 一番好きな漢字

> 今までに習った漢字で一番好きな漢字か熟語を一つ挙げ、成り立ちと意味を調べなさい

最後に右のように指示する。直ぐに出てこない子には、自分の名前でもいいことにする。宿題にしてもいい。教室で発表させると楽しい授業になる。

参考文献　尾崎雄二郎他編『角川大字源』角川書店、一九九二年

6 相手の立場に立って文章を書こう
――道あんないをしよう

本山 智子（町田市立忠生第三小学校）

1 はじめに

ここでは、光村図書・小学校三年の教科書中の「道あんないをしよう」という単元を使った実践展開例を示す。

地図を見て、小学校から花園児童館までの道案内をするという単元である。引越してきたばかりの谷川さんが、森さんの道案内を聞いて花園児童館に行こうとするのだが、うまく花園児童館までたどりつけないという設定がなされている。森さんの話のどこが不じゅう分だったかを考えさせている。この単元の目標は、「話す、聞く能力を養う」というものだが、この教材は「書く能力を養う」という目標を設定していける。小学校三年生の学習で、四時間の時数になっている。三年生というと、まだ自己中心的に、ものごとを考えやすい。言葉や文の順序に気をつけて、視覚的な情報を過不足なく、相手の立場に立ってわかりやすく説明することができる力をつけてやることが、指導のねらいになる。言い換えると、地上で行動する者の水平の視線を通して、「順序と目印」に着目して、如何に正確に、わかりやすく相手に伝えられるかを、上空からの地図で検証させていきたい。

2 教材の分析

まず、谷川さんが道に迷ってしまった原因を究明させていく。森さんの道案内は、次のようなものである。

（傍線は本山による。）

> 学校から駅の方へ行って、しんごうの所を右へまがってね。その道をまっすぐ行くと、なの花公園があるの。そこで、よく中山さんと遊ぶんだ。でも、まっすぐ行かないで、とちゅうで左へまがるの。そうして、二つ目の角をまがったら、左がわに見えるよ。

この道案内には、次のような問題がある。

①「とちゅうで左へまがるの」のとちゅうのあいまいさが、二つの選択肢、地図中のAとBを生み出してしまう。

②「二つ目の角をまがったら」では、右へ曲がるのか左へ曲がるのか、明示されていないので、AとBそれぞれに、さらに二つの選択肢が生まれてしまう。結局、四つの行き方、A―C、A―D、B―E、B―Fが生じる。

③左側に、花園児童館が見えるのは、A―Dコースである。

正しく道あんないをするためには、次の二つの手直しが必要である。

[1] とちゅうで左へまがる を 一つ目の角を左へまがる と直すこと。

[2] 二つ目の角をまがったら を 二つ目の角を右へまがったら と直すこと。

④なの花公園に関わる部分は、花園児童館をさがす上では、不必要である。余計な目印である。

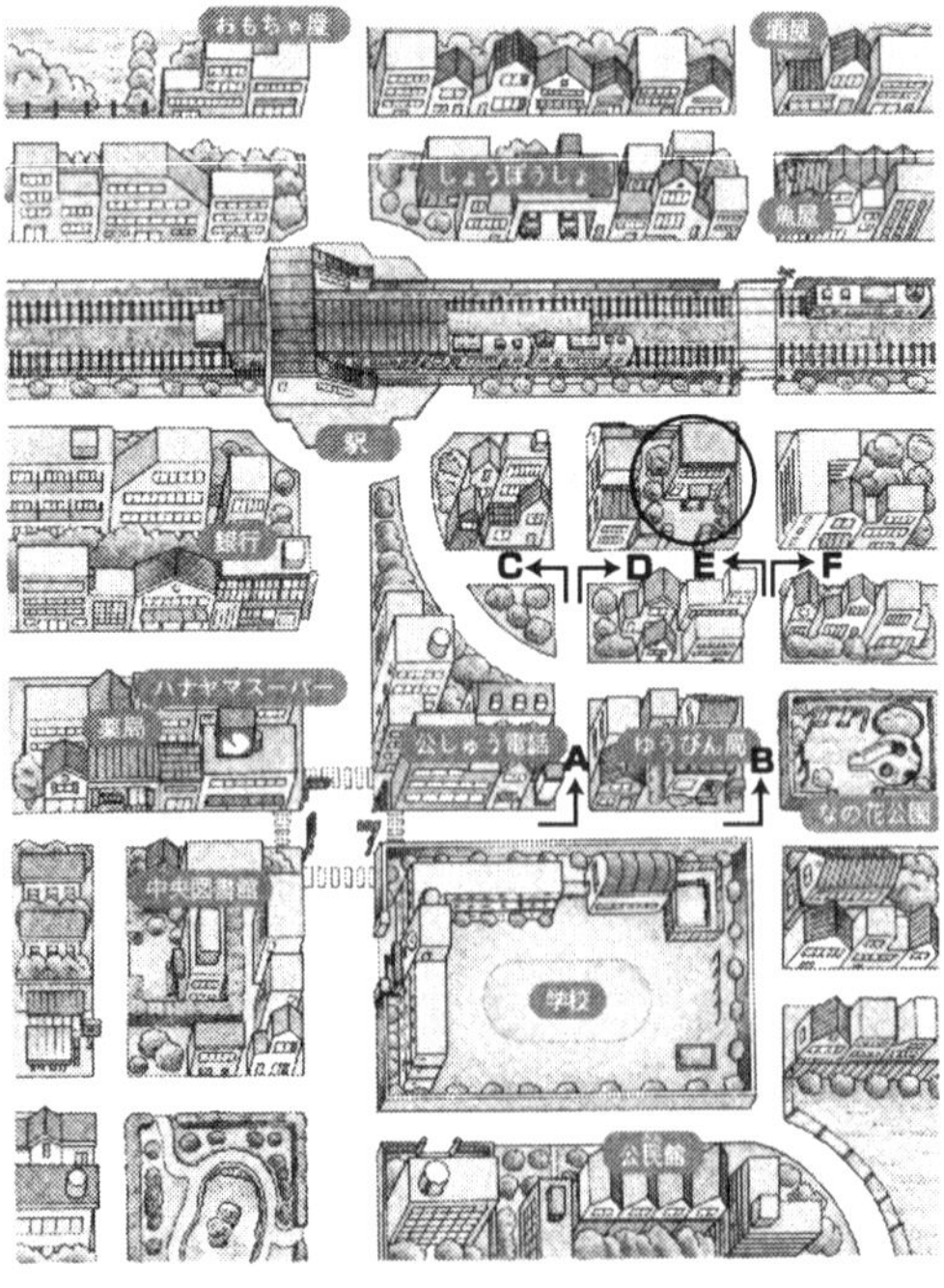

道案内を相手の立場にたってわかりやすく伝えるためには、伝える言葉に曖昧さがなく、場所を示す言葉が明解であることが求められる。この点を授業過程の中でどこまで子どもたちに意識化させられるかが、授業の大事なポイントになろう。

3　授業実践例

（掲示用拡大地図及び掲示用案内文を準備する。）

教師　引越してきたばかりの谷川さんは、森さんの案内に従って、花園児童館をさがしましたが、道に迷ってしまいました。なぜでしょうか？今日はそこを学習しましょう。

（案内文の掲示）

教師　森さんの案内文を読んでみよう。

子ども　（全文一斉音読。）

教師　この文は、五文からできていますね。一文ずつ確かめながら、地図上に矢印をしてみましょう。二つの道が考えられる時は、二カ所に矢印をしてみましょう。

（子どもたちは教科書の地図に、矢印を記入する。）

（拡大地図を黒板に掲示する。）

（四通りに矢印をつけることが考えられる。）

A―Cコース
A―Dコース
B―Eコース
B―Fコース
　※代表の子どもが黒板前に出て拡大地図上にコースを書く。

教師　四通りの道が、考えられましたね。実は花園児童館は、ここです。

（○囲みして示す）

教師　森さんの教えたコースは、A―Dコースです。A―Dコースが選べなかったのは、どこかがあいまいだったり、ことばが足りなかったからです。五文のどこをどう直せばよいか？直す必要のあるところを、書き直してみよう。二カ所あります。

（児童は、教科書の案内文を訂正する。）

教師　はい、答えを聞きます。

子ども　「とちゅうで左へまがるの」を、「最初の角を左へまがる」と書き直します。

教師　正解です。「とちゅうで」では、道を知らない人にとっては迷ってしまいます。「最初の角を」とはっきり伝えることで、相手の人がまがる角を知ることができます。もう一カ所は？

子ども　「二つ目の角をまがったら」「二つ目の角を右へまがって」と直します。

教師　その通りです。「二つ目の角を右へ」と方向を変えることで、相手の人は迷わず進むことができます。では、確かめてみましょう。

（教師は訂正通り、地図上を児童と一緒になぞってみる。）

教師 では、それぞれノートに、花園児童館に行ける案内文を書きましょう。

教師 では、次の問題をやってみましょう

問題1　地図を見て、駅からなの花公園までの道じゅんを、その場所を知らない人に教える文を書いてください。さいしょの文に続けて書きましょう。

（三年生の学習段階では、次のような書き出し文を示してあげると考えやすくなる。）

「駅前の広い通りをまっすぐに行きます。」

（正答）最初の交差点を左にまがって、まっすぐ行くと、二つ目の角を過ぎた左側に、なの花公園があります。

（準正答）交差点を左にまがります。一つ目の角に公しゅう電話があります。さらにいくと、ゆうびん局があります。そうしたら、なの花公園です。

（この道案内は、ある物や、建物を明示していてわかりやすいが、公しゅう電話とゆうびん局は、二つとも知らせる必要はない。一つでよい。「そうしたら」は、あいまい。「その先が」とすべきだ。）

4 おわりに

「道案内」の学習は、ことば一つひとつに注目して、その場所を知らない人に如何に正確に、相手の立場に立って伝えることができるか、ということである。

「話す、聞く」教材として設定されているが、「書くこと」を通しても、基本的な思考力をきたえる機会になると。「思考」とは、「冷静に論理をたどって考えること」（三省堂『新明解国語辞典』）とある。「論理をたどって考える」ためには言語にこだわるしかない。

ここでは、「話す、聞く」という音声言語から、さらに「書く」という文字言語の上からも「道案内」をすることができることを考えさせている。より正確に、過不足なく、相手が理解できる文章を書く力をつけることがねらいである。

7 新聞づくりで書く力を育てる
――自分新聞を作ろう

加藤 辰雄（愛知県名古屋市立堀田小学校）

1 自分新聞づくりで書く力を育てる

伝えたいことがよく分かるように書く事柄を選び、工夫して書く力をつけるのに、自分新聞を作らせるのはたいへんよい手だてである。それは、新聞記事を書くときに、次の三点をおさえなければならないからである。

① 読み手のことを考えて、分かりやすく書く。

② 本文は、「いつ」「どこで」「だれが」「何を」「どうした」のか、また、それは「なぜか」などを具体的に書く。

③ 見出しは、自分の思いや願いが読み手に伝わるような言葉を選ぶ。

そこで、子ども一人ひとりが新聞記者になって伝えたいことを記事に書き、「自分新聞」を作るようにする。

2 実物の新聞内容を調べる

新聞づくりをする前に、まず実物の新聞内容を調べさせ、書き方や見出しのつけ方などについて調べさせる。

子どもたちには、家の人が毎日読んでいる新聞、スポーツ新聞などを持って来させる。教師は、小学生用の新聞（朝日小学生新聞、毎日小学生新聞など）を用意する。

これらの新聞を見て、どんな記事があるか、どんな書き方をしているかを調べ、気づいたことを発表させる。

子どもたちには次のことに気づかせるようにする。

○いちばん知ってもらいたいことが、最初に大きな文字で書いてある。

○写真や絵があるから記事が分かりやすい。

○事件の記事は、時間や場所や名前がはっきり書いてある。

○見出しを見ただけで、どんな記事の内容かがすぐ分かる。

○見出しの書き方が分かりやすくて、工夫してあると、読んでみたいという気持ちになる。

○まんがやクイズのコーナーがある。

○スポーツだけのページ、テレビ番組だけのページがある。
○白黒の文字や写真だけでなく、カラーの文字や写真があって、よく目立つ。
○目立つように囲みで出ている記事がある。

3　みんなに伝えたいことを選ぶ

自分がどんなことをみんなに伝えたいのかを子どもたちに考えさせる。その際、次のような項目を例示してやると、子どもたちは考えやすい。

○学校生活の中から
・先生や友だちとのこと　・授業中のこと　・休み時間のこと　・係や当番の仕事のこと　・校外学習のこと　・クラブ活動や委員会活動のこと、など。
○家での毎日の生活の中から
・家の人やきょうだいとのこと　・休みの日のこと　・遊びに出掛けたときのこと　・家の仕事や手伝いのこと　・習い事のこと、など。
○読んだ本の感想
○友だちに聞いたこと

4　メモに書き出す

出来事や体験をみんなに分かりやすく伝えるためには、選んだことについて、「いつ」「どこで」「だれが」「何を」「どうした」などを書き出して整理し、記事を書くためのメモを作るといい。記事の見出しもいっしょに考えるようにする。

メモに書き出す際に、次のようなメモの見本例を示してやると、子どもたちは書きやすい。

○学校生活の中から
テーマ　体そうクラブ活動
いつ　先週の木曜日
どこで　学校の体育館
だれが　自分
何を　台上前転の六だん
どうした　何度も練習して、初めて台上前転の六だんができた。
見出し　「できた！　台上前転六だん」
○家での毎日の生活の中から
テーマ　金のしゃちほこ見学
いつ　五月最後の日曜日

どこで　名古屋城
だれが　父と母とぼくと妹
何　を　金のしゃちほこ
どうした　金のしゃちほこをさわった。
見　出　し　「金のしゃちさわって、感げき！」

見出しのつけ方のポイントは次の二つである。
○何をいちばん言いたいのかを考え、それを見出しにする。（「できた！　台上前転六だん」）
○いちばん心に残ったことを考え、それを見出しにする。（「金のしゃちさわって、感げき！」）

子どもたちに、見本例と同じ形式のメモ用紙を渡し、選んだテーマについて、「いつ」「どこで」「だれが」「何を」「どうした」や、見出しを書くようにさせる。

5　新聞にまとめる

子どもたちに新聞枠（罫あり・三段）を渡し、メモをもとにしながら「自分新聞」を作るようにさせる。

まず、はじめに新聞枠（罫あり・三段）を使って作った「自分新聞」の見本例を子どもたちに示し、書き方の手順を説明する。

① 新聞名を書き、その下に発行日、発行者の名前を書く。
② どこにどの記事を置くか、見出しや絵をどうするかを考えて、割付けをする。

トップ記事を最初に置き、記事の量を多めにする。見本例では、二段目までがトップ記事になっている。記事に関する絵のスペースを確保する。見本例では、二段目と三段目の最後にスペースをとっている。

③ 割付けした場所におさまるように、本文や見出しを書く。

トップ記事の見出しは、よく目立つように大きな文字で横書きにする。二番目の記事の見出しは、本文より大きめの文字で縦書きにする。

④ 分かりやすい文章、読みやすい文章になるように、段落や句読点をつけたり、会話文を入れたりする。

見本例では、「こしを高く上げて、頭の後ろを着くようにすると、うまくできるよ。」「六だん、できたね。」の会話文や段落・句読点がついているので、分かりやすくて、読みやすい文章になっている。

「自分新聞」の見本例を参考にして、こんどは一人ひとりの子どもが、メモをもとに「自分新聞」を作る。

6　新聞を読み合う

できあがった「自分新聞」を掲示したり、印刷したりして、みんなで読み合うようにする。

読み合うときには、漠然と新聞を読むのではなく、次の観点で読むようにする。

○「いつ」「どこで」「だれが」「何を」「どうした」など、必要な事柄を落とさずに書くことができたか

○見出しを見ただけで、どんな記事の内容かがすぐ分かるような見出しをつけることができたか

○読みやすいように、文字の大きさや記事の並べ方を工夫することができたか

○段落や句読点をつけたり、会話文を入れたりすることができたか

これらの四つの観点を書いた用紙を子どもたちに渡し、評価しながら読ませるようにする。評価用紙には「◎とてもよい　○よい　△すこし工夫するともっとよくなる」の三つの記号が書かれている。

新聞を読んだあとは、新聞を作った人あてに、読んだ感想や聞いてみたいと思ったことを感想カードに書いて、手渡しするようにする。

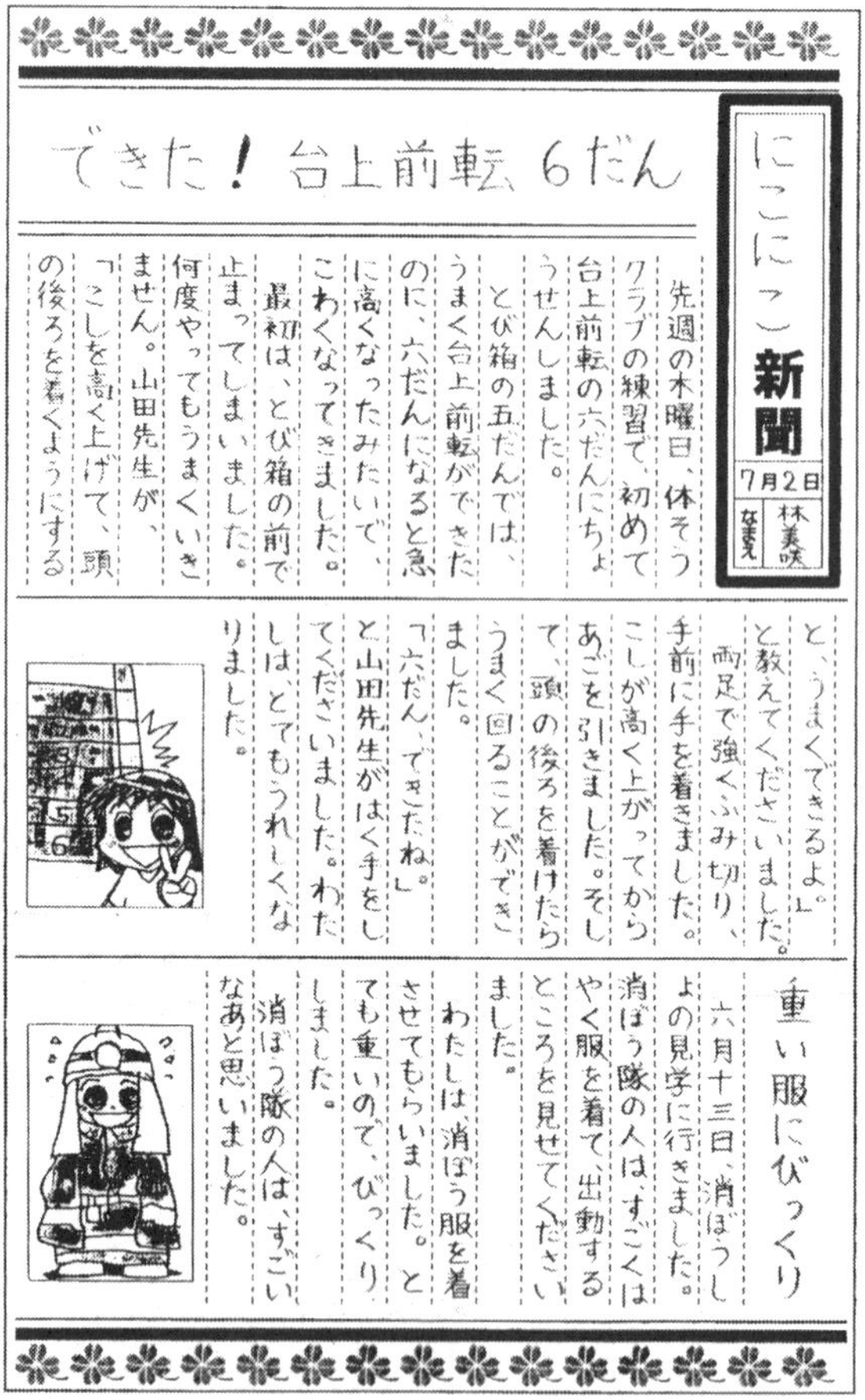
にこにこ新聞　7月2日　なまえ　林美咲

できた！　台上前転６だん

先週の木曜日、体そうクラブの練習で、初めて台上前転の六だんにちょうせんしました。

とび箱の五だんでは、うまく台上前転ができたのに、六だんになると急に高くなったみたいで、こわくなってきました。

最初は、とび箱の前で止まってしまいました。何度やってもうまくいきません。山田先生が、「こしを高く上げて、頭の後ろを着くようにすると、うまくできるよ。」と教えてくださいました。

両足で強くふみ切り、手前に手を着きました。こしが高く上がってからあごを引きました。そして、頭の後ろを着けたらうまく回ることができました。

「六だん、できたね。」と山田先生がはく手をしてくださいました。わたしはとてもうれしくなりました。

重い服にびっくり

六月十三日、消ぼうしよの見学に行きました。消ぼう隊の人は、すごくはやく服を着て、出動するところを見せてくださいました。

わたしは、消ぼう服を着させてもらいました。とても重いので、びっくりしました。

消ぼう隊の人は、すごいなあと思いました。

8 正確に伝える、正確に聞き取るための工夫
―電話で伝え合おう

町田 雅弘（茗溪学園中学校高等学校）

「ＩＴ時代の到来」と言われて久しい。パソコンは売上を伸ばし、インターネットや電子メールは、生活の中にどんどん入りこんできた。しかし、どんなにＩＴ化が進みライフスタイルが変わろうとも電話がなくなることはまず考えられない。それは、電話が私たちにとって一番身近で、簡単で、どんな遠くにいる相手でも素早くメッセージを伝えられる道具であるからだ。

しかし、そんなに便利な道具である電話にも、いくつかの弱点がある。①音声のみの伝達となり、後に残るものも何もないため、聞き間違い、言い間違いによる「伝達ミス」が発生しやすい。②発信者の一方的な都合によって成立する会話であり、受信者の都合を計りづらい。③表情を読み取ることができないため、相手の気持ちに配慮した会話になりにくい。④顔がわからない相手と話すこととなり、相手の人柄を計りづらい。――などである。

こういった心配がある以上、電話を使用する際には、いくつかの点で配慮することが必要となる。

今述べてきたデメリットに対応させて考えてみると、次のような力を身につけておく必要がある。

①正確に伝える、正確に聞き取るための工夫をする。②電話をかける時の基本的なマナーを守る。③不審な電話から自分の身を守る。

ここでは、以上の目的のうちの「正確に伝える、正確に聞き取るための工夫」を中心に計画を立ててみた。対象は、小学校四年生である。

1 教材と準備

東京書籍「新しい国語四上」の中にある「電話で伝え合おう」を使う。

本教材は、五人の子どもたちが電話で連絡をするさい

に、誤った内容を伝えてしまう状況を設定している。会話を中心に描写されているので、どの時点で間違いが発生したのか。どこを言い換えれば間違いが起こりにくかったかが、明確になりやすい。

五人グループは、明日行う図書館での調べ学習の計画を立てた。北図書館に集合、時間は九時。……しかしその後、田中さんと高山さんが相談している間に変更点がでてきた。二人は、残りの三人にそのことを伝えなくてはならない。田中さんは木村さんに、高山さんは坂田さんと黒岩さんに電話をすることになった。

高山さんは、まず坂田さんに電話をする。「あしたは、九時と言ってたけど、十時に集合よ。図書館が開くのは十時なんだって。それでね、北図書館のつもりだったけど、中央図書館のほうが本がたくさんあるから、中央図書館に行くことにしたの。図書館の入り口のふん水の所で待ち合わせよ。それからね、筆記用具と調べ学習のパンフレット持ってきてね。図書館利用カードも忘れないようにね。」

連絡を受けた坂田さんは、黒岩さんに連絡をするよう頼まれ、電話をする。黒岩さんの母親がでる。「あした、図書館に行く時間が十時になりました。待ち合わせ場所は入り口のふん水です。」「待ち合わせの時間は十時、場所は図書館のふん水ね。」「はい、そうです。それから、持ち物は筆記用具とパンフレットと図書館利用カードです。」「(略)パンフレットは、何のパンフレットなのかしら。」「調べ学習で使っているものです。」

当日、高山さん・田中さん・木村さんの三人は中央図書館で、坂田さん・黒岩さんの二人は北図書館で、お互いが来るのを待っていた。

2 グループを使って授業を展開する

電話の打ち合わせによる連絡ミスを起こさないためには、ちょっとした工夫が必要となる。その工夫を考えることで、「正確に伝え、正確に聞き取る」力を身につけていく。本文を範読した後で、まず事実について整理をしておく必要がある。この教材は人間関係が複雑だ。

まずは「高山さんたちのグループには誰がいるのか」確認をする。高山さん・田中さん・木村さん・坂田さん・黒岩さんの五人である。次に「誰が誰に電話連絡をしたか」を確認する。田中さんは木村さんに電話をした。

高山さんは坂田さんに、坂田さんは黒岩さんに電話をした。その結果、中央図書館には高山さん・田中さん・木村さんが待っていたし、北図書館には坂田さん・黒岩さんが待っていることとなった。二つのグループに分かれてしまったわけである。そうなってしまった直接の原因は「坂田さん」である。彼は、高山さんから「北図書館ではなく中央図書館に変更になった」と聞いていたのに、黒岩さんの母親にその変更を伝えなかった。ここまでを問答形式で進めて板書にまとめた上で、話し合いにもっていく。この授業の主発問を、次のように用意した。

> 結局高山さんたちのグループは別々のところでお互いを待つことになってしまった。電話ではこのような間違いは起こりやすい。どうすればこのような間違いを起こりにくくすることができたか。どんな工夫ができたか。

工夫できた点は、多くある。広く発表させるためには、班討議からクラス討議へと発展させていくのが有効である。個人で考える時間をとってから、班討議に入る。

六人以下のグループを作り、学習リーダーを用意する。学習リーダーは、グループの話し合いを進めていく。個人が考え出した意見をまとめ、その意見の有効性を討議する。学級への発表者は学習リーダーにこだわる必要はない、むしろ発表者が順番に変わるよう学習リーダーが指示をする。しかし、任せきりにするわけではなく、どのように発表すればよいか、発表者に援助をしていく。

班の中でまず出てくる意見は、直接の原因を作ってしまった坂田さんが工夫できた点についてであろう。①「連絡を受ける側（坂田さん）は、最後に、聞いた内容を確認する。」②「連絡を受ける側（坂田さん）は、聞いた内容を忘れないようにメモを取っておく。」③「連絡をする側（坂田さん）は、メモを見ながらもれなく伝える。」このあたりは、容易に出てくるのではないか。実際、坂田さんがこの三点をできていれば、今回の間違いは事前に防げたはずである。

3　連絡する側の工夫を検討する

ここで、一歩進めて、連絡をする側（高山さん）が工夫できる点がなかったかどうかを考えさせたい。聞き間違いを起こさせない工夫を討議によって明らかにさせていく。そのためには、班討議に移るときに「班で四つ以上見つけなさい。」と指示すれば、そこに触れざるを得ないであろう。班討議は難航するかもしれないが、その場合は授業者がグループの中に入っていき、評価をしながらヒントを出してゆく。「どんな意見が出てきた？聞かせて。」「ああ、いいねえ。そうすればきっと間違えなかったよね。みんなに聞かせたいなあ。これ必ず発表してね。」「坂田さんくんのことばかり出ているね。見方を変えてみようか。高山さんさんは、もっと工夫できなかったかな？」「どの部分に注目すればいいかな。」――など。

高山さんが坂田さんに伝えた言葉をもとに検討することができる。「あしたは……図書館利用カードも忘れないようにね。」に注目をさせる。

困っている班があれば、授業者はどんどんヒントを与えていく。「たくさん連絡があるね。一度にこう言われたら困ってしまうね。」「相手の立場になれば、もっと整理した話し方ができないかな？」……など。

④「連絡をする側（高山さん）も、最後に話した内容をもう一度確認する。」⑤「高山さんは、変更点と追加点を分けて連絡すれば、わかりやすかった。」⑥「高山さんは、連絡事項がいくつあるか、数字を最初に示しておくと良かった。」あたりの意見を出させたい。

場合によると、⑦「高山さんは、連絡をする人が二人くらいなら自分から二人に連絡をする方が、間違いが起こりにくくなったはずである。」⑧「もともと、このグループが調べ学習を計画するときに、持ち物の確認くらいはしておくべきだった。連絡内容が多くなればなるほど、間違いは起こりやすくなる。」といった意見も出る可能性がある。出てきた意見は板書をして、授業の最後で整理をする。

時間があれば、高山さんの連絡をリライトさせてみる。前出の意見⑤⑥あたりを考慮すると、たとえば次のような文章が書ける。

> 変更点は二つあります。一つは、時間が九時から十時になりました。もう一つは、場所が北図書館から中央図書館になりました。ふん水の所で待ち合わせです。そしてつけたしがあります。持ち物は三つあります。筆記用具・調べ学習用のパンフレット・図書館利用カードを忘れずに持ってきてください。

Ⅲ　小学校新教材・詩「キリン」（まどみちお）の1時間の全授業記録とその徹底分析

1　小学校教材「キリン」（まど・みちお）の一時間の全授業記録

柳田良雄（千葉県松戸市立松飛台小学校）

授業日時　二〇〇五年六月七日
一〇時四〇分～一一時二五分（三校時）
授業学級　松戸市立常盤平第一小学校三年二組
（二五名　男子一三名・女子一二名）
授業者　佐古明夫

□が、柳田によるコメントである。

授業者は授業学級の担任ではない。初めて接する子どもたちである。したがって、授業者は一人ひとりの子どもや、学級の学習規律等に関する情報をもっていない。

教材は、光村図書三年・上に掲載されている「キリン」（まど・みちお）という詩である。

キリン　　　まど・みちお

キリンを　ごらん
足が　あるくよ

顔

くびが　おしてゆく
そらの　なかの

顔

キリンを　ごらん
足が　あるくよ

教師①　これから勉強するのは詩です。詩って知ってい
ますか?
子ども　知ってる。
教師②　どういう勉強した?
子ども　短い。
子ども　「。」とかをつけない。

詩については漠然と理解しているようである。
この授業のねらいは次の二つである。
1　技法の意味を読み解きながら「キリン」という詩のおもしろさをとらえることができる。
2「比喩」の働きを理解する。

教師③　そう、お話しよりも短く表されているんだね。詩の勉強をする前に・・、皆さんは「キリン」という動物を知っていますか?どういう動物ですか?
子ども　首が長くて、足が長い。
子ども　黄色い動物。
子ども　角が二本ある。
教師④　うん、本当はね、角は五本あるんだって。(「えぇ!」という驚きの声)見えているのが二本なんだね。
子ども　足に靴みたいなものはいている。
教師⑤　はい、なんていうのかな?(「ひづめ」の声あり)はい、ひづめだね。　　　　　【ここまで五分】

教師は子どもの様子や学級の雰囲気をつかもうと、全体を見渡しながら発言を促している。指導を焦らず、ゆったりとした態度が子どもたちに安心感を与えている。

教師⑥　ではね、皆、実際に見たことがあるだろうけれど、キリンの写真をみせますね。
(ここで、デジカメで撮影した映像をテレビ画面で見せる。)
子ども　ああ!キリンだ!
子ども　足の長さがわかるよ!(キリンの高さが計測できるメートル表示が写っている)
子ども　足の長さが一・五メートルある。
子ども　うそ、ぼく一二〇センチだ!
子ども　はい!はい!キリンよりでかい動物はくじらしかいないよ

最前列に、「はい、はい」と大声で連呼しながら、自説を訴える男の子がいる。この男の子(A男とする)への指導がポイントの一つになりそうだ。

（教師は「そうだ、その通り、ただしね、背の高さでいうとキリンだろうな」とさりげなく応答する。教材配布。ここで子どもたちははじめて「キリン」という詩に出会った。

子どもたちは口々に声に出して読み始めた。教師は教材が書かれた拡大コピーを黒板に貼った。

教師が範読した後、）

教師⑦ 読んでみたい人？

（数名が挙手。男子二人、女子二人、計四名が指名されて読んだ。それぞれの子に次のような評価をした。）

一人目 うん。先生よりも上手だ。

二人目 言葉を大事に、大事に読んでいるね。

三人目 ゆったりとしていていいね。

四人目 「顔」を強めて読んでいるね。

【ここまで一三分】

> このようにそれぞれ違う観点で評価している。子どもたちの意欲喚起につながり、たいへんよい。

教師⑧ 全員で読んでみよう。

（一斉読。）

教師⑨ 上手！特に「ごらん」というところが上手でしたよ。本当に見たくなっちゃう。では内容を読んでみよう。その前にね、こういう文があるんだ。

（と言い、「のび太は　もえた」と板書。）

教師⑩ あのね、こういう場面。のび太がジャイアンにのび太ねぇ、お前なんかどうせ野球へたくそだよって言われて。で、のび太はくやしくて、くやしくて今度は絶対勝ってやるという場面。こういった場面に使ったりするね。でもね、これ、よく読むと変だよね。どこが変かな。

子ども 漢字でやってない。

教師⑪ ああ、漢字で書いていない。うん。このまま読むとどうなる「のび太は　もえた」

子ども ふつうに読んじゃうと、のび太が火で燃えたみたい。

（笑い声があがる。）

教師⑫ そうだね。事件になっちゃう。でもここではそういう意味で

はなくて、のび太ががんばったぞ、ということだ。
（子どもたちは楽しそうに聞いている。）

教師⑬ こういう言い方はちょっと変な言い方、ちょっとおかしい言い方だね。実は「キリン」にもこういうようなおかしい言い方、ふつうは言わないよという言い方があるよ。だまって。皆さんそれを見つけて教科書に線を引いてみて。　【ここまで二〇分】

教師は提示した例文を「変な言い方」「おかしい言い方」と表現している。これについて二点述べる。

1　表現としては「おもしろい」または「工夫している」といった方が適切ではないだろうか。「変」「おかしい」との言葉から、子どもたちは「間違えている」といったイメージをもたないだろうか。

2　比喩へつなげるための例文を示す必要があったのか。例文提示によって、かえってそれにとらわれて、「変なところはないか」といった技法探しの読み方姿勢に陥る場合も想定できる。

教師⑭ もういいかな。引くのは終わりにしましょう。さて、どこが変な言い方だろう？一個ずつ。
（挙手は少ない。）

子ども「くびが　おしていく」が、変。

教師⑮ そうだね。
（教師は首を押すしぐさをする。その動作がおもしろく、教室が和んだ。挙手の数が増えた。）

子ども「足が　あるくよ」

教師⑯ 私は足です。足が歩いています。（と、説明しながら動作化した）こんなふうになっちゃうね。
（笑い声があがる。）

教師⑰ まだあるの？

子ども「そらの　なかの」が、変。

教師⑱ うん。でも、それだけならおかしくないよ。そらのなかの……つけたし。

子ども「そらの　なかの　顔」？

教師⑲ まだあるの？

子ども 空の中に「顔」がある（と上を指差す）。これは変。

子どもたちは指名を待たずに、自分の描いたイメージを口にしている。詩の世界に入り込んでいる。

（「顔がちぎれていて空にあったら不気味！」といった声も聞こえる。その中で、A男が「顔」（という一文字表記の二連）が変であることを主張し、黒板の前に出てきてしつこく指名を求める。次はA男の発言である）

子ども　だってさ、ここに一文字「顔」ってあると、これが題名みたいに見えるでしょ。だから、変。

（といった内容を熱心に話した。）

予想もしていなかった意見である。子どもの発想は多岐にわたるものだとつくづく感じた。

（教師は読解箇所を次の二箇所に限定することを告げ、赤マジックで横に線を引いた。）

・足が　あるくよ
・くびが　おしてゆく
　そらの　なかの
　顔

教師⑳「足が　あるく」とか「そらの　なかの　顔」とか変な言い方だけどね。本当は、これは何を表しているのか、いったいどういう意味があるのか、これから考えていきましょう。では、「足が　あるくよ」から読んでいくよ。これはどんなことをいっているのだろう。

【ここまで二五分】

拡大コピーがはられているため、板書のスペースが制限されている。拡大コピーした教材などは、教室にホワイトボード等を用意しておき、そこに貼るとか、黒板の横の壁に画鋲で貼るといった工夫も必要になる。

教師㉑　なんだろう、足が歩くって。田中君が歩くよ。いいね、でも田中君の足が歩くよ（笑い声）。おかしいよね。どういうことをいってるのだろう。

子ども「キリン」という詩で書いてあるから。

教師㉒　あぁ、省略してあるのか。

意味が分かりにくく、教師が言葉を添えて解釈した。適切な対応である。

子ども　足があるいているから。

教師㉓　うん。では、どんな感じがするかな？この詩はキリンをみているときのことだね。そのとき足があるくというのはどんな感じだろう。

挙手が少ないためか、「どんなこと?」から「どんな感じ?」に発問を変えた。統一性が揺らいでしまっている。

子ども　足を動かして歩いているような感じ。

教師㉔　足があるくよというと、足をよく動かしていることがわかるんだね。強まるんだね。強調というんだけどわかるかな。

子ども　キリンと足はつながっているわけだから、キリンが足を動かしているっていうこと。

子ども　足だけが動いている。

（いくつか出るが、望む答えではない。A男は「今度こそ!」とさかんにアピールしながら――）

子ども　キリンはね、こんなふうに歩くでしょ。（と、動作化する）。でもさ、足があるくっていうことは、こうやってさ……。

（と、一生懸命に説明する。教師はA男の言わんとすることをやっと理解でき、図示する。「それはありえない!」の声。）

子ども　「足がうごくよ」というのは体だけは止まってて、足だけが動くんじゃないかな。

教師㉕　ああ、そうか。おもしろいね。

子ども　それじゃしっぽも動いちゃうよ。

教師㉖　うん。じゃ、別の考えはないかな。

子ども　「足があるくよ」ではなくて、「足であるくよ」になれば、そういうふうに足があるくことになる。

教師㉗　うん。そうか。実際にね、キリンが歩いている。その様子を見たときにそう見えちゃったんだ。一つはね、足がよく動いているよということが出ていると思うんだけど。よく考えてみて、キリンだよ。犬やネコではないんだよ。

（この助言に応えるように）

子ども　キリンはね、背が高いでしょ。だから人間からみると、足が動いているように見える。

教師㉘　うん。ということは、人間はどこにいるんだ?遠い?近い?さっきの写真でいうとどのくらいかな?先生でいうと、このくらいだったよね（と、一定線を示す）。君達でいうと、これくらいだったよね（と、一定線を示す）。とすると、ここは足だね。これは、足が長いから、足だけ見える、そんな感じじゃないかな。

（教師は足の長さと人間の身長を確認し、キリンの足の長さを強調した。「足が長い」と板書する）。

教師㉙ それからね、この場合遠くからキリンを見ているのではなくて、比較的近くから見ているんだね。それで、足が歩いているように見えるんだね。足が歩いているぞ、ということで、キリンは大きいんだぞ、ということを表しているんだね。　【ここまで三三分】

ていねいに説明し、学習内容をまとめている。このような節を設けることで、授業構成が明確になる。

教師㉚ じゃ、次行こう。「くびが顔をおしている」。これも変だよね。首が何を押しているの？

子ども 顔。

教師㉛ そうだよね。これも、あなたのやり方でやると、こんなふうになるんだね。（と、図示する）

（この図も実際にはありえない様を描いている。笑い声があがる。）

教師㉜ 首が顔を押すとはどういう意味かな。これ、二つあるんだ。首が顔を押すということと、空の中に顔があるということ。首が顔を押す、これからいこうか。これ、どういう意味なんでしょうか。

子ども 人間は体を動かして歩いていくけれど、キリンは首がすごく長いから、もちろん体も動かしているんだけれど、首を動かして動いている。

教師㉝うん。さっきの写真見たよね？首があっちむいたり、こっちむいたりしていたよね。押しているように見えるんだね。

（と、動作を交えながら説明する。

「首が長い→押していくようだ」と板書。）

子ども 動物園でキリンを見たことがあるんだけれど、キリンが首を右左とか動かして、それは何でだろうと思っていたんだけれど。

教師㉞ なるほど、人間の場合はさ、こうやって首を動かすんだ。でもキリンはこうやって（と、動作化）。

子ども 首ごと！

教師㉟ うん、歩くときはこうやってね（と、動作化）。

子ども つっついている！

教師㊱ 今度、詳しく見たらおもしろいね。いったいどうやって首を動かしているのか、ね。

子ども あのね、首を押すのはね（と言って教師の腕を

とり、前に押していく）

こうやってね、首を前の方へやっていくこと。

教師㊲　そうか、なるほど。

子ども　首が長いというのはバランスをとっているんじゃないかな。

教師㊳　うん、バランスをとっているのか、じゃ、もうひとり。

子ども　キリンは人間と違って首が長いから、足と体の力だけではささえられないから、首の力で押しているんだと思う。

教師㊴　そうか。

子ども　首がささえてくれないとさ、ボキッとさ、折れちゃうんだよ、ほら、こうやってさ。

（A男が身振りを入れながら、大声で説明している。）

教師㊵　では最後。「そらのなかの顔」これは何だろう？

子ども　首が長すぎて、顔が空の中にいっちゃった。

教師㊶　ということは巨大なキリンなの？

子ども　そう、そういう話！

教師㊷　おもしろい。でもこの話は本当の話だよ。いったいどういうことなの？

子ども　つまり（黒板の前に来る）ここにキリンがいて、ここに、人がいて、キリンを見ると、頭から上は空なんだから、キリンの顔が空の中にある。

教師㊸　ああ、そうか。空の中に見える、空のなかに本当にあるんじゃなくてね。

（A男がさかんに「それってさ、空の中じゃなくて、空の下ってことだよね」と繰り返している。）

【ここまで四二分】

授業者はキリンを見ているのは人間であると解釈している。その前提では、読解に無理が生じないか。

そこで、この詩の話者は小動物や昆虫であるとの読みを考えてみてはどうか。例えばねずみ。ねずみから見れば、まるで「足が　ある」いているようで、顔などは「そらの　なか」にあるほどずっと上にある。まさに「くびが　おして」いるのである。

こういった読みの広がりをつくれば、子どもたちはこの詩をさらに楽しく、想像力豊かに読解していくはずである。

子ども　キリンは人間から見るとすごく大きいから……。

教師㊹　うん、大きいから・・・空の中にあるみたい？違うかな？（発言した子どもは首をかしげている）うん、ちょっと違うかな。それじゃ、最後に、はい、あなた。

子ども　この絵（教科書の挿絵）でみると顔が空に中にあるみたいでしょ。この詩はさ、この絵を表している。

（そろそろ終了になるため、教師は本時のまとめとなる説明をした。）

教師㊺　この詩は、まどみちおさんがキリンを見たときに書いた詩なんだ。みなさんが言ったようにね、キリンを近くでみたら、足だけで動いているようだ。ずっと上を見ると空の方

に顔が見えたという詩だ。これ、まどみちおさんが何を言いたいかわかる？足（を指差して）、顔（の方を指差して）（ここで子どもから「びっくりした」の声）そうだね、びっくりしたんだね。何にびっくりしたんだろう？背が高い、首が長い、顔はどこだ、空の中だ、大きいなぁという詩だね。「足が　あるくよ」とかね「くびがおしている」といったちょっと変わった言い方、おかしいなという言い方で読んでみました。これを覚えておいて。覚えておくとね、かしこくなるよ。ちょっと変だなという言い方をこう言います。（「技法」と板書する）。難しいぞ、技法といいます。言葉の技だね。キリンは大きいなというとき、首が長くて空の中にあるみたいだって書くけれどね、ちょっと変わったいい方でまどさんのおどろきを表したんだね。これから読むときにね、こういった詩の技法を探してみてください。そうするとすごくよくわかるようになりますよ。それじゃこれで終わりにします。

2　授業へのコメント——その一
——詩を読むための方法を学ばせようという優れた戦略

阿部　昇（秋田大学）

1　詩を読むための方法を学ばせようという戦略

佐古先生は、詩の中で着目すべき部分を、子ども自身が発見できるように戦略を立てている。「ちょっと変な言い方、ちょっとおかし言い方だね。実は『キリン』にもこういうようなおかしい言い方、ふつうはいわないよという言い方があるよ。」（教師⑬）という指導にその戦略が明確に現れている。

「『足が　あるくよ』を見てごらん。ここから何が読めるかな？」などというかたちでも、授業は展開できる。しかし、佐古先生はそういった指導を選ばないで、あえて子ども自身にそれらを発見させようとしている。

詩というジャンルにとって「変な言い方」「おかしい言い方」は、極めて本質的な要素である。もともと文学は、少し「変」「おかしい」「ふつうでない」ということを大切な仕掛けとして成り立っているものである。蛙は普通は「けろけろ」などと鳴くはずなのに、「ケルルンクック」などと鳴く。ありふれたチューリップを「客を迎えた赤い部屋」にしてしまう。この詩でも、キリンがただ当たり前に歩いているだけなのに、「足が　あるく」「そらの　なかの／顔」などと、「おかしな」「変な言い方」をしている。詩を読む際には、そのような部分に着目することが大切なのだということを佐古先生は子どもたちに確かに学ばせようとしている。

こういう過程があることで、子どもたちは次から詩を読む際に「おかしな」部分、「変な」部分はないかと、自力で探すようになる。それだけで、以前より詩が読めるようになる。詩の面白さ、豊かさにより近づける。

記録者の柳田先生は「表現としては『おもしろい』または『工夫している』といった方が適切ではないだろうか。『変』『おかしい』との言葉から、子ども達は『間違えている』といったイメージを持たないだろうか」とコメントしている。確かに、ただ「変な言い方」「おかしい言い方」だけでは、柳田先生が心配しているように子どもたちが「間違えている」部分と誤解する危険はある。しかし、佐古先生は「のび太は　もえた」を示し、「ここではそういう意味ではなくて、のび太ががんばったぞ、ということだ」と事前に指導している。この指導で、子どもたちは、「間違えている」部分ではなく、普通と違った表現部分に着目すべきことを理解していると想像できる。そういう指導の流れであれば、「変な言い方」「おかしい言い方」でも全く問題はない。むしろ「おもしろい」という言い方だと、「自分が興味をもったところを指摘する」ことだと誤解をしてしまう危険がある。

その意味からも柳田先生の「比喩へつなげるための例文を示す必要があったのか」にも賛成できない。初めて接する子どもたちである。その学習到達度を把握しにくい条件では、この「例文」は必要であったと私は見る。

佐古先生の授業のまとめ「ちょっと変わった言い方、おかしいなという言い方で読んでみました。これをよく覚えておいて」「これから読むときにね、こういった詩の技法を探してみてください」まで教えたのだから、ここでは「技法」の中の「たとえ」あるいは「比喩」であることまで示した方がよかった。三年生には難しいと佐古先生は判断したのかもしれないが、こういう機会に提示しておく方がよいと考える。それにより、後に再び比喩に出会った際に子どもたちは「あのとき勉強したことだ」と思い出し、学びをより確かなものとしていく。重要な技法は、何度も繰り返して学ばせる必要がある。

2　「足が　あるくよ」をめぐる展開

佐古先生は、「私は足です。足が歩いています。（と、説明しながら動作化した）こんなふうになっちゃうね。」（教師⑯）と「足が　あるくよ」の比喩性を明示する。また、「足が歩くって。田中君が歩くよ。いいね、でも田中君の足が歩くよ（笑い声）。おかしいよね。どういうことをいっているのだろう。」（教師㉑）と、近接した別の表現との差異によって「足が　あるくよ」を読ませようとしている。いずれも、優れた指導である。

そういった指導によって子どもたちは「足が　あるく

よ」を豊かに読んでいる。「『足があるくよ』ではなくて、『足であるくよ』になれば、そういうふうに足があるくことになる。」（教師㉖の後）、「キリンはね、背が高いでしょ。だから、人間からみると、足が動いているように見える。」（教師㉗の後）などからそれは窺える。

そして、佐古先生は「足が　あるくよ」の部分の読みとりの最後に、「うん。ということは、人間はどこにいるんだ？遠い？近い？さっきの写真でいうとどのくらいかな？先生でいうと、このくらいだったよね（と、一定線を示す）。」「この場合遠くからキリンを見ているのではなくて、比較的近くから見ているんだね」（教師㉘・㉙）というように、話者とキリンとの距離の近さに気づかせる。これも大切な指導である。

ただし、せっかく話者とキリンとの距離の近さに気づかせるという構想を持っていたのであれば、この部分の最後ではなく、もっと早い段階で子どもたちに気づかせていくべきであった。「なんで『足であるくよ』じゃなくて、『足があるくよ』って、言ったのかな？」「今キリンを見ているこの人と、キリンとはどれくらい離れていると思う？」などという発問によってである。そうすることで、キリンの足の大きさ、背の高さに圧倒されている話者の姿が、もっと早く子どもたちの中に焦点化されたはずである。この詩では、話者とキリンとの距離に気がつくことが、大きなポイントの一つと言える。

3　「くびが　おしていく／そらの　なかの／顔」をめぐる展開

第三連についても、子どもたちはよく読んでいる。「キリンは首がすごく長いから」（教師㉜の後）、「首が長すぎて、顔が空の中にいっちゃった。」（教師㊵の後）、「ここにキリンがいて、ここに、人がいて、キリンを見ると、頭から上は空なんだから、キリンの顔が空の中にある。」（教師㊷の後）などの読み取りが出てくるのは、教師の適切な指導があったからである。

しかし、佐古先生が十分に子どもたちの発言をリードできていない場面もある。「くびが　おしてゆく」については、「うん、さっきの写真見たよね？首があっちむいたり、こっちむいたりしているよね。押しているように見えるんだね」（教師㉝）などという助言に止まっている。「くびが（顔を）おしてゆく」ように見えるためには、まずは首と顔だけしか話者には見えていないということが前提となる。ここでも、さきほどと同じくキリンと話者との距離の近さを確認しておく必要があった。また、今まで足を見ていた話者の視線を上に移動したということでもある。それも確認する必要があった。

さらには「くびが（顔を）おしてゆく」というイメージには、キリンの首がやや前に傾斜していることが関わっていると読める。垂直ではなく、やや前に傾斜しているから、まるで顔を首が押し出しているように見える。もちろんキリンを間近で見ているために、キリンの首の太さ、頑丈さが一層際だっている。それらが相まって、首が顔を押しているかのように見えるという読みである。教材研究をそこまで深めておいてほしかった。

「そらの　なかの／顔」をめぐっては、次のような問答が展開された。

子ども　首が長すぎて、顔が空の中にいっちゃった。
教師㊶　ということは巨大なキリンなの？
子ども　そう、そういう話！
教師㊷　おもしろい。でもこの話は本当の話だよ。

「ここにキリンがいて、ここに人がいて、キリンを見ると、頭から上は空なんだから、キリンの顔が空の中にある。」という優れた発言がこの直後に出るが、それにしても「教師㊶」は適切とは言い難い。「首が長すぎて、顔が空の中にいっちゃった」という子どもは、このキリンが特別に巨大であると読んだわけではない。少なくともキリンの首が長すぎることは、「顔が空の中にはいっ」たように見える理由の一つであると言える。ここでは、「首が長すぎると、どうして顔が空の中に入っちゃうのかな？」などと切り返すこともできたはずである。

なお、柳田先生は「授業者はキリンを見ているのは人間であると解釈している。その前提では、読解に無理が生じないか。」「この詩の話者は小動物や昆虫であるとの読みを考えてみてはどうか。」とコメントしている。が、私は佐古先生の解釈を支持する。人がキリンの近くに寄れば、十分「足が　あるく」ように見えるし、顔が「そらの　なか」にあるように見える。話者を小動物や昆虫にしてしまうことで、この詩とは無縁のファンタジーの世界に子どもたちが入り込んでしまう危険がある。

3　授業へのコメント――その二
――比喩を切り口に焦点化した明快な授業

小林　義明（大東文化大学）

1　比喩を切り口に焦点化した授業

授業記録・授業者の言葉・授業ビデオを見て、コメントする。

三年生になったばかり、それも飛び込みのクラスでの授業という条件を考えると、内容のあるいい授業だった。授業の雰囲気もよかった。子どもの発言を丁寧に扱う教師の指導によって、和みのある授業になった。細かなことだが、例えば自己紹介のとき簡素なマジックを見せて、子どもを引きつけたのはよい。しかし、指名音読は「三人」としたのだから、そこで切るべきだった。四人読ませる意味はない。また、柳田さんは授業記録のコメントで「先生よりうまい」とか「言葉を大事に読んでいるね」、「ゆったりとしていていいね」という教師の評価をよしとしているが、「はっきりと大きな声で読めたね」、「一字あきのところを切って読んでいました。よかったよ」などという評価なら、次の一斉音読につながるのではあるまいか。その意味で、「『顔』を強めて読んでいるね」という評価はよかったと言える。

比喩を切り口にして焦点化したことが授業を簡明で、分かりやすいものにした。子どもの発言から「足が　あるくよ」「くびが　おしてゆく」「そらの　なかの　顔」がきっちり押さえられ、動作化によって理解を図っていったのもよい。しかし、「そらの　なかの　顔」は、どう動作化するのか。疑問が残った。

キリンの説明は長すぎたし、詳しすぎた。教科書にキリンの絵が載っているのだから、ビデオで詳しく見せたり、物差しで長さを具体化する必要はなかろう。せいぜい、「キリンを知っていますか」でとどめるべきだった。詩の読みを前提とすべきで、キリンの生態を詳しく教えるのは、かえって読みを一定の方向へ限定する恐れがある。

比喩を教えるのに「『変ないい方』『おかしいいい方』はどれかな」という助言は、「間違った言い方」と誤解される。「工夫した言い方」とか「ふつうの言い方と違う言い方」にすべきだろう。

例えば、A男の発言を見てみよう。

「だってさ、ここに一文字『顔』ってあると、これが題名みたいに見えるでしょ。だから、変。」

という指摘をどう考えるか。これは比喩ではない。だが、4連の中で2連だけが一字一行である。足からずうっと見上げていくと、そこにキリンの顔があった。顔にたどりついて、驚きをもって視線はいったん静止する。その発見が「顔」である。A男は、それを表記から視覚的にとらえたのではないか。「題名のように見える」というのは、一字一行だったからだろう。この書かれ方は、詩のリズムをあらわす技法であり、表記上のしかけでもある。「表現上の工夫」と助言すれば、出てきたはずの指摘である。

2　比喩をどう読むか

比喩は詩の技法の横綱格である。佐古さんがこれに着目して授業を組み立てたことは適切だった。

この詩に出てくる比喩は隠喩（暗喩）である。隠喩は例えられている実体が分かりにくい。その場合は、直喩（明喩）と比較してみるのがよい。

A　君はバラの花のように美しい。（直喩）

B　君はバラの花だ。（隠喩）

「君はバラの花だ」の「バラの花」は、「美しさ」が比喩の実体だと容易に理解できる。

佐古さんがあげた「のび太はもえた」の例はどうか。直喩に直せば、「のび太はもえるように熱く、やる気を出した」となる。比喩の実体は「やる気」である。

隠喩を分かりやすく理解するには、次の三つの方法が実践的だ。

(1)　直喩に置き換える

「足が　あるくよ」は、「キリンは、足があるいているように見えるほど、足が長い」となる。足の長さを強調した表現である。

(2)　近接した表現をあげて、その差異から比喩の特徴を把握する

たとえば、
A　足が　あるくよ
B　キリンが　あるくよ

の場合、Aは足の長さを強調している。Bは主語を置き換えた例で、キリンが歩いている状態を説明しているだけである。

(3)　具体化する

動作化したり、画像で視覚的に示すなど。

佐古さんは、(3)の具体化する方法を採用した。そのため、「そらの　なかの　顔」には適用できなかった。これを1の方法で理解すると、「空の中に突き出ているように見えた顔」となるし、(2)の方法では、

A　そらの　なかの　顔
B　そらの　なかの　雲

との差異を考えればよい。実際に佐古さんもそう扱って授業を進めた。

授業ビデオを見ると、実際の授業はそれぞれの比喩を把握することで終わってしまったという印象が残った。詩のおもしろさは理解されずに進んだきらいがある。

3　構造よみから授業を構築できないか

佐古さんは「事前に『キリン』を分析したとき、どうしても構造が見えてこなかった。今まで行ってきた『起』『承』『転』『結』で分けていくことができなかった。」と言う。あまり難しく考えることはない。「キリン」の構造は、次のようになる。

1 キリンを　ごらん 足が　あるくよ	〈起〉	2行
2 顔	〈承〉	1行・一字
3 くびが　おしてゆく そらの　なかの 顔	〈転〉	3行
4 キリンを　ごらん 足が　あるくよ	〈結〉	2行　起との対応

3連が「転」である。

① この連だけが3行で書かれている。
② この連だけが二つの比喩で書かれている。
③ 2連の「顔」と3連の「顔」が一字一行で対応して

いる。[2]連の驚きが首の長さと「空のなかの顔」によって、背の高さに重なった驚きへと大きく変化している。

しかし、この詩では、「起承転結に分けてみよう」、「転はどこか」、といった発問はしないほうがいい。なぜなら、この詩はリアルタイムで書かれている。始めから順を追って読んでいくほうがおもしろい仕掛けになっている。また、一文節ごとに一字空きになっている点にも注意したい。これは幼い子に向かって話しているのである。その意味では、佐古さんの「この詩はまど・みちおさんがキリンを見たときに書いた詩なんだ」という解説も正確でない。キリンを見ているのは、まど・みちおであり、話しかけられている幼子である。一緒にキリンを見ているのである。この設定は、三年生にとっても自然に詩の世界に引き込まれるのではないか。

「キリンを　ごらん」と呼びかけられた幼子は、下からキリンを見上げる。動物園でキリンを見るのは初めてだ。まず、長い足が歩いているように見える。ずうっとたどっていくと、キリンの「顔」が見えた。「起」をうけて「承」へつながっている。ながーい首がその「顔」を押していくかのように歩いているぞ。青い空の中にキリンの顔が見えるほど背が高いよ。ナンテ、キリンは大きいんだ！「承」の驚きから、さらに大きな驚きへ、ここが「転」。ヘエー、もう一度下から見てみよう。驚いた！ホントにキリンって大きいなあ。「結」である。リフレーンで「起」と対応している。

もちろん、構造よみは教材分析の段階でしっかりやっておく必要がある。しかし、起承転結に分けることを主眼にはしないで授業を構築するのである。比喩は、[3]連の「転」の部分で重点的に取り上げ、「足が　あるくよ」は簡単に扱っておくのがよい。むしろ重要な技法は、[3]連と[4]連の「顔」の反復、対応である。初めてキリンを見た幼子の驚きをこそ読み取るべきだ。

佐古さんの授業のねらいは、

①詩のおもしろさをとらえる。

②「比喩」の働きを理解する。

とされているが、②は達成できたが、①は不十分だったように思う。教師が解説して、やっとこの詩が分かったということにならざるを得なかった。この二つのねらいを達成するには、むしろ、構造よみから授業を構築すべきだったのではなかろうか。

4　授業者自身のコメント

佐古　明　夫（千葉県松戸市立常盤平第一小学校）

新しく移った学校で、現在五年生を担任している。三年生の教材「キリン」を自分の学級でとも考えたが、教材のおもしろさを考えたとき、五年生では無理があるように思い、三年生の先生にお願いし、学級をお借りして授業を行うことにした。

初対面の子たちと学習できるだろうかという心配もあった。しかし、担任の先生のご指導もあって、子どもたちは、どこの者ともわからない私に心を開いて一時間を過ごしてくれて、ありがたかった。

事前に「キリン」を分析したとき、どうしても構造が見えてこなかった。今まで行ってきた「起」「承」「転」「結」で分けていくことができなかった。ある部分を「転」とすると、この詩の主題（キリンの背の高さや脚の長さ、首の長さ・力強さ、見上げなければ見えない顔という驚きやおもしろさ）から離れていくように思えた。

また、授業をお借りするということもあって、一時間で、技法よみを中心に授業をし、特に比喩を読むことだけに絞ろうと考えて授業に向かった。「技法よみ」とは、詩の技法に着目しながら読みとりを進めていく指導である。

「キリンとはどんな動物」、「文章の中でおかしいなあと思うところをさがそう」という問いに、子どもたちはたいへんよく反応してくれた。三年生の子どもたちにマッチしている教材であるし、比喩を「おかしいなあ」という発問でとらえさせようとしたことはよかった。

比喩に着目しながら、作者が短い詩の中で表現しようとしている世界を三年生なりにとらえられたと思っている。技法に着目しながら、イメージを深めていくことが大切であることを再確認できた。

課題として残ったことは、比喩をどう読んでいくかというところだ。結果的には、私が求める答えが出てきた。

しかし、正解が出るまで問い続ける誘導的な問いかけになったような気がしている。

一つには、キリンを見上げるようなイメージが、多くの子にはできなかったことがある。導入でキリンのイメージを考えたり、テレビで写真を見せたりした。しかし、それを読み取りに結びつけることは子ども自身には難しいことであった。だとすると、そのイメージにもどったり、イメージをさらに深めたりする助言がもっと必要だったように思える。

また、技法というものに初めてふれる子どもたちだったとしたら、「こういうのをひゆ（比喩）というのだよ」と最初に説明してしまうことも必要だったのかもしれない。高学年で詩の授業をするときは、子どもの方から「比喩だ」とか「例えている」という言葉が最初に出てくる。そして、私は「何を例えているのだろう」と発問して授業を進めている。

この授業では、結果として比喩のような技法の存在を教えようとしたのだが、その展開は、初めての子たちにはむしろ難しかったような気がする。

一時間の中で、いくつかの学習課題があるわけだが、発達段階や子どもたちの要求に合わせて、もう少し吟味していかなければならないのだということも強く感じさせられた。

最後に、やはり構造を読まなければならなかったのではないかという思いが残っている。それは、「足があるく」や「くびがおしている」、「そらのなかの顔」という読み取りをするとき、読み取る子どもたちの感覚にそれらをつなげて読むことが欠けていたように感じたからだ。

先にも述べたように、「キリン」は、単純に「起」「承」「転」「結」と言い切れない構造を持つと思っている。今も、私には、何が「転」になるのかが読み取れない。

授業後に思ったのだが、この詩は、「足」と「顔」で、視点が上下するような構造を持つように思う。

普通に前を見ると足が見える。見上げると首、そしてその先の方に顔が見える。最後にまた普通に前を見るとやっぱり足が見える。このような詩全体の構造をとらえるような学習過程を踏むことによって、もっと子どもたちのイメージも広がっていったのではないかと思った。

「キリン」の授業を通して、改めて「構造よみ」や「技法よみ」を読むことの意義を考えることができた。

1　国語の授業改革と学習集団

柴田　義松（東京大学名誉教授）

1　なぜ集団で学ぶのか

教育の復古的反動化は、このところ急ピッチに進んでいる。「自ら学び、自ら考える」、子どもの「主体性」尊重の「新学力観」、学習の個別化、習熟度別指導の推進、自由競争原理の導入など、語られる言葉は新しいが、その実質は、差別・選別の能力主義教育の徹底であり、戦後の平等主義教育を否定して、戦前の非民主的な複線的教育制度へと復帰し、学校を社会的階層文化促進の道具にしようとする傾向が強まっている。

子どもたちは、そんな社会環境のなかで、自分さえよければよい、学習は自分個人のため、自分ひとりでするものだと思いこみ、学校でみんなといっしょに学ぶことの意義を見失い、いじめ、暴力、学級崩壊に手を貸したり、勉強嫌い、不登校に陥ったりする者が、ますます増えてきている。

しかし、今日の学校や子どもをとりまく現実がこのように厳しく困難な状況にあればあるほど、学校の教師としては「何のために勉強するのか」「なぜ学校で学習するのか」「学級でみんなといっしょに学ぶのはなぜなのか」「そもそも授業というのは何をすることなのか」といったことを、子どもにも納得のゆくように説明し、子どもたち自身にも考えさせる必要があるだろう。

学習集団論の創始者・提唱者であった大西忠治は、学級（授業）びらきで教師が何よりもまずするべきことは、①学習は本来、人類の生存・発展のために不可欠な労働を学ぶためのものであった、②したがって、学習は個人のためであると同時に、みんなが身につけなくてはならない、集団的なものである、③みんなは、わからないことを教えてもらいに学校にきているのだから、わからせるのが先生の責任であり、わからないことはわからないとはっきり言うことがみんなの義務である、ということを生徒に説明することだとしている。

これは、学習集団の成立根拠を、人類の、労働により創り出された、文化遺産の継承の営みとしての「学習」の「類的性格」に求める大西のいわば超歴史的・普遍的観点にたっての説明である。大西のこの学習集団論は、学習集団を「目的概念」とする吉本均たちの「心理的傾斜」をもった「主観的な」性格の学習集団論に対置するときには、それなりの妥当性をもつ説明であるが、歴史性を欠く点に難点があることを、私は最近の論考で問題とした（連載「授業を変える学習集団づくり」『現代教育科学』明治図書出版、二〇〇五年七、八月号）。

しかし、子どもたちに学習集団の必要性を説得するには、現実の歴史的・社会状況から説き起こすようなことでは、かえって子どもに難しくてわかりづらくなるという点を考慮すると、このような学習集団の「類的」な、普遍性を根拠とする方が妥当だとも思われる。

この点は学年段階による相違もあるだろう。今の子どもにとって実際に説得的なのは、どんな話し方なのか、現場の先生たちにぜひ検討してもらいたい問題である。

ただし、これは一回きりの話しで子どもにわかるようなものではない。少なくとも四月いっぱいくらいは毎日の授業内容とそのやり方のなかで、子どもに考えさせ、理解させていくものだと大西はことわっている。

2　国語をなぜ学習集団で学ぶのか

その大西が、晩年にもっとも気にかけていた問題は、国語の授業改革と学習集団との関わりであったようだ。大西は、最初から「学習集団の集団性は、教科内容の科学性、真理性から導き出され、それに規定される」ものだと述べていたが、ある時には「しかし、その両者はあまりにも遠い、そして教科論のある程度の確立、教科内容研究のある水準をもってでないと直接には不可能でもある。現状の教科研究の状況では、あまり〈学習集団〉を呼び起こす方向には進んでいない。とくに国語科に関しては絶望的にそれは遠い」とも述べていた。

だが、晩年一九八九年の論文「遂に学習集団追求のときはきた」では「最早、国語科の教科内容が引き出してくる集団を問題にすることができる段階になってきたと考える。……私たちの国語授業論とその方法は、学習集団と結合できる段階に達していると断言できる」と言いきるようになっていた。それは、「三年前、科学的〈読み〉の授業研究会」が発足したことによるものだと思われる。島崎藤村の「遂に新しき詩歌のときはきたれり」にならって、「今や私は、遂に学習集団が問題にできるときがきた――と実感をこめていうことができる」とまで書いている（大西忠治教育技術著作集七巻、一九五頁）

そして、この頃の論文では、国語の教科内容と学習集団との関係については、まず「国語の授業とは何か、文学作品をよむとはどういうことか、説明的文章をよむことは、この現代に生きるためになぜ必要なのか、どう役に立つか、どう関係するのかを、生徒も教師も、自ら問い、それを話し合い、討論すること」により「生徒との集団的合意形成」を図ることが必要であることを述べ、さらに学習集団指導の根本にかかわる技術について、構造よみなどの指導には班編成は欠かせないし、班と班との討論と班内の話し合いという討論の二重方式も欠かせないこと、班と班との競争により班意識を強め、班の集団的団結を高めるための方法、学習係・学習ガイドの指導のあり方などについてくわしく説明している。

3　今日における学習集団研究の課題

さて、私が問題としたいことは、大西が創り上げたこのような学習集団形成と指導の技術が、その後どのように受け継がれ、発展してきているのかということである。国語の授業研究とのかかわりでいえば、少なくとも「読み研」においては、国語の教科内容の追求という面では構造よみ、技法よみ、あるいは吟味よみの研究がこの数年のあいだにもしだいに深まってきていることが、この研究会編のシリーズ「国語授業の改革」（学文社）を見ていても読み取れるのだが、学習集団に関する実践や研究がどのように進んでいるかは、報告もほとんどないように思われ、よく掴めない。

学習集団を問題とする必要がないかといえば、むしろ逆で、大西がその必要性を論じていた時代より、もっと学習集団指導の重要性がいまや高まってきていると言えよう。問題は特に中学校に集中的にあらわれているが、「ムカツク」「キレル」といった「新しい荒れ」、授業不成立、登校拒否、いじめ、学級崩壊などの深刻な教育荒廃現象は、小学校や高校にも広がってきている。

このような状況のなかでまともな授業を成立させるためには、大西も繰り返し主張していたように、教科内容の指導とともに、授業の「受け方・学び方」の指導をていねいに行ない、生徒たちのものにしていかねばならないだろう。すなわち、授業を教師の側から、教師の「指導言」とか、教科内容の本質をふまえた授業過程の問題として追求するだけでなく、その授業を共にする生徒の側からの問題として、授業の受け方、学び方、つまり学習過程の問題として、それを明らかにし定式化しながら、生徒にそれを教え、身につけさせていく必要がある。

「班・核・討議づくり」の学級づくりを基礎とする学習集団方式は、大西が中心となってわが国の教師が編み出したわが国独得の授業方式である。外国にこれに類するものはまず見出すことができない。いわゆる「できない」子どもたちも含めて、そのもてる力を引き出しながら、クラス全員の教科の力を高める方法として、わが国の実情では、これにまさるものはないだろうと、私には思われる。

一斉指導のなかに班（小集団）学習を織り交ぜるわが国独得のこの方式は、何といっても一クラス四〇人、五〇人を超えるような学級授業のなかで編み出されたものである。三〇人学級がやっと最近問題とされるようになってきたが、三〇人学級でもこの方式は有効であるし、個別学習にはない良さが、一斉指導や班学習のそれぞれにあると私は思う。

戦後日本の多くの学校で見られたこのような方式は、欧米の学者たちによって日本式の伝統的「平等主義」の教育として高く評価されてきた。いまは、その平等主義を否定する自由競争原理の導入により、習熟度別指導などが押し付けられることによって、教育現場の困難は強まっているが、それとともにこのような教室風景を欧米諸国には最早見ることのできない博物館入りのものだ、などというような論説によってバッサリ切り捨てられてしまってはならないと、私は思う。

ところで、学習集団指導のうえで鍵となるのは、学習係（リーダー）の指導にあると思われる。「わからないときに、わかりません」という声を出すことも、リーダーがまず模範を示さねばならない。「わからない生徒の群」が「わからない」と声をあげ、「わかった生徒の群」に授業を取られないようにすることが、リーダーの重要な仕事となる。クラスで一番遅れているのはだれか？一番遅れている班はどの班か?をはっきりさせ、そのもっとも遅れている個人や班を向上させることこそが、教師と全集団の課題となるように、集団の競争を組織すること。このようにして、一人の脱落者もつくらない集団の指導を目指すのが、学習集団の指導だと大西は述べている。

大西の学習集団論のなかで私がもっとも感心し、重要だとも思うところは、「否定的媒介」として競争とか組識というものを利用するという考えである。

「私は、国語の授業を通して、授業というものが、生徒たちの集団のものであるということを教えようと考えているし、学習というものが個人的なものであるばかりでなく、本来集団的な仕事であることも教えたいと思っているが、それを教えるために、授業の中にかえってまず競争を持ち込むことを大切に考えている……。そして、この班競争は、奇妙なことに競争それ自身のうちに、協力や連帯の問題を含みもっているように思うのである。……私は、この競争を踏み台にして、学習意欲や、少なくともグループ内の、班内の協力や連帯や発言力やの、もろもろの集団的情況を子どもたちのものにしてやろうとするのだけれども、それでもって〈競争〉そのものを肯定しようとしているつもりはないからである。最初のあいだ利用するが、やがて、それは否定しようと考えて利用するのである。いや、その否定のためにこそ、それをよりどころにするのだといった方がいいかもしれない。私は、何か本当にそれを否定しようと考えるとき、まずそれを使ってみようと考える。競争には、たしかにもろもろの毒がある。けれども、その毒を本当に子どもたち自身に否定させるためにも、その否定すべき状態として、はっきりと目の前に示してやることもいいのではないかと考える」と言うのである。

これは、まことにもっとも考えだと私も思う。大西は、「集団」についても、これに似たようなことを述べている。「私は、〈集団〉を教えようと思っているが、それは〈集団の良さ〉と同時に〈集団の恐ろしさ〉もまた教えようという気持ちからである。集団やリーダーやグループの肯定的側面だけでなく、否定的側面をも認識し、そこで生き、そこで集団を変えていくために何をすべきかを教えようとしてきたのである」（前掲書、二九一頁）

ここには、集団とか競争が内に含み持つ対立する二側面を冷静にとらえたうえ、その矛盾的性格を発展の原動力として人間教育に利用していこうという優れて弁証法的な思考がはたらいているといえよう。

だが、大西の「学習集団」の規定、その性格づけにはこの弁証法が十分に生かされていないように私は思い、上述の論文でその点を指摘した。というのは、「学習集団という概念が成立するとすれば、それはこの個人的性格と集団的性格との間の矛盾の接点において考えるしかない」といいながら、「〈学習〉は非集団的で、個人の心の内側の問題、ないしは個人の個人的な精神的肉体的問題にほかならない」と言いきってしまい、そのため「〈学習集団〉という概念は、学習をとりまく、学習を規定する外的条件に求めざるをえない」としてしまっている。

つまり、個人の心の内側の学習には集団性は認められず、学習の集団性は、教科内容などの学習の外的条件にのみ認められるものだとして、内側の個人的性格と外側の集団的性格というふうに二つを統一物の二側面としてではなく、内と外に切り離してしまっているのである。

これに対し、私は、人間の学習が成立するうえで不可欠な媒体であり、主要な手段である「言語」の集団的・民族的性格と、その学習の集団的・個人的性格とを説明することを通して大西論の問題点を指摘した。学習の重要な手段でもあり内容でもある言語の学習は、学習の集団的性格と個人的性格との矛盾や二重性の問題を解く鍵になると思うのである。大西は、「学習は、個人的性格が強く、集団的でありにくいと考える」としきりに言うのだが、私は、その逆に「学習は集団的性格が強く、個人的でありにくい」とも言えると思う。その点は、日本において、学習の個人的性格を無視し、子どもの個性を無視した、画一的一斉授業や画一的受験勉強が横行することを考えれば、自ずと明らかになろう。

したがって、国語の授業は、教科内容の性格からして、学習の集団的性格を強めるうえでも、また個人的性格を確保するうえでも、この上なく重要な役割を果たすものだと私は考える。国語の授業における学習集団指導は、まさに授業改革の鍵となるのではないだろうか。国語の授業における学習集団指導の側面とともに、学習の集団的性格と個人的性格との間の矛盾にも光をあてた実践の報告が本年報にも現れることを是非とも期待したい。

2 教師の力量形成的観点からの五提案
――基本的提案三つと発展的提案二つ

望月 善次（岩手大学）

1 はじめに：実践的知見の選択

「国語科授業の改革」には、実に様々な契機がある。その諸相については、国語科教育学研究の範囲においても、着実に蓄積されている。

その具体を一冊、本で示せば、国語科教育学のオピニオン・リーダーを任ずる全国大学国語教育学会が総力を挙げて取り組んだ『国語科教育学の成果と展望』（明治図書出版、二〇〇二年）ということになる。堅実な授業改善方法では、そこで指摘されている論点を一つずつ検証して行く作業が不可避であるが、本書編者から示された要望は、〈「（学術）論文」であると共に、「読み物」の要素も無視せずに！〉である。この相反する要望に応えるためには、思い切った割り切りが必要であろう。

今回選択した方途は、筆者自身が実際に行ってみた体験に基づくという意味での〈「実践的」知見〉を前面に出し、狭義の国語科授業のみでなく、授業一般の改善にも通じる授業改善提案を行うというものである。

なお、学校における営みなどを考察する際の考察枠として、「教授主体―教授・学習材―学習主体」があるが、この三分法からすれば、筆者が長年考察して来た立場は、「教授主体（つまり教師）」に近く、表題にも示したように、今回の提言にも「教師の力量形成」的観点を前面に出したものである点もお断りしたい。(1)

2 国語科授業改革のための五提言

(1) 見愛・見せ愛運動
～授業を見合う見せ合う～

第一に行うべきことは、授業を見合い、見せ合うことである。こうした営みは、学校単位の場合のみでなく、純粋に個人の場合でも有益であるのだが、〈運動〉を掲げているのは、条件が許すのであれば、学校全体で取り組んで欲しいからである。留意点（特に出発時における）二つを記すこととする。

a　時間を短く区切ること

最初から、たとえば、一単位時間全部を当てようとすると、なかなか時間のやり繰りがつかず、結局は長続きしない。「原則として五分以内」などの時間制限から出発することが実際的であろう。

b　校長が率先して授業を見る

日本文化の特徴の一つは「一体性が高い。」ということである。「個性」が確立していないのである。

具体的な問として、「友人が間違った発言をした時に注意できますか。」を設定してみるとよい。一般的に言えば、注意できないのが日本人の圧倒的な多数派なのである。他人の領域に踏み込んで行けない傾向を持つのである。つまり、「個性度」が低いのである。[2]「学校・教室」という環境は、この傾向を促進し易い。だから、他人の教室に参加しにくいのである。

この壁を突破するのには、その学校に属する教師全員が一挙にやれば一番いいのだが、実際は、なかなかそうは行かない。そうした時は、校長などの校内リーダーが、率先して授業を見るのである。大袈裟に言えば、外に開かれた学級や学校を実現するために、その先兵となるのである。筆者自身も、勤務先の附属中学校長をした体験があるから、こうしたことを行う心理的抵抗は、十分に分かる。しかし、一方からすると、ここを突破するのは、それほど困難なことではない。例えば、授業におけるビデオ撮影の場合である。これも体験からすると、最初は、過度にカメラを意識する子ども達でも、三回ほどの「カメラ体験」をすると、それ程気にしなくなるのである。授業の見合い・見せ合いにも、その面があるというのが、筆者が今までのところ潜って来たところである。

(2) 教師音読運動

直接に声を出して読むことの意味は、近年の脳研究の成果を含め、種々の分野でその意味が見直され、拡大している。実際、子ども達の音読運動などは、学校や教室において、割合広く行われているが、これを教師にも適用しようとするものである。

留意点は、次のようなところにある。

a　時間を短く切って毎日

これも、初めから本格的にやろうとすると必ず失敗する。「五分」位に、時間を切って、その代わり毎日やるのである。

b　呼吸・発声トレーニングを取り入れながら

仮に五分だとすると、最初の二分が基礎トレーニング後の三分で全員音読（基礎トレーニングが延びた場合は、音読部分の時間を調整する。）などが実際的配分であろうか。

b―①　呼吸トレーニング

斎藤孝氏などが実践している方法を簡略化したものである。[3] 思いっ切り吸い込んだ息を、できるだけゆっくり出すだけのトレーニング（筆者体験からすると、最初は一分を目指す。）である。

呼吸を調整すると共に、気持ちが落ち着くのである。

b―②　発声トレーニング

例の「アエイウエオアオ」を「あ行」から「わ行」まで行うだけでよい。口形と「腹式呼吸」の訓練である。

二つのトレーニングを含んだ「教師音読運動」によって、一日を明るく始められるのもこの運動の余慶の一つである。

(3)　ストップモーション方式授業研究

授業研究の具体的方法にも、実に様々なものある。ここで推奨するのは、「ストップモーション方式授業研究」である。御承知のように「ストップモーション方式授業研究」とは、撮影したビデオ等の授業映像を見ながら、参加者が、「これは！」と思う部分で、「ストップ」を掛けてコメントし、それを契機にして話し合い・考察を進める方式である。「授業づくりネットワーク」において開発・進展されて来た方法であるので、基本的なことについては、左記などの関係文献を参照して欲しい。

藤岡信勝『ストップモーション方式による授業研究の方法』学事出版、一九九一年。

藤岡信勝・鶴田清司編『ストップモーション方式による1時間の授業技術～小学国語・文学教材（1・2／3・4／5／6六年）』日本書籍、一九九四年。

ここでは、「ストップモーション方式」による授業の隘路として筆者が感じていること二つを、その解決方途と共に記すことにする。

a　気づきと「ストップ」発声の距離

「ストップモーション方式」の長所は、具体的な授業場面を基に、具体に即した検討・考察ができる点にある。しかし、実際に行ってみると、特に初心の研究会などでは、「ストップ」がなかなか出て来ないのである。

主たる原因として考えられるものは二つである。

どこに気づけるかという問題と、それに基づいて実際に「ストップ」を掛ける「勇気の無さ」である。

a―① 気づきの展開

まず、授業をめぐる現象に種々の点から気がつかねばならない。しかし、意外に気づいていない人もいるのである。こうした面での先行分野であるスポーツ競技などで指摘されているように、映像から学ぶことは、実は難しい。人は、多くの現象を案外ボ～と見ているのである。まずは、気づくことを増やさねばならない。筆者が行ってみて、有効だったのは、一挙に全体の場で「ストップ」を掛けるところに行かずに、例えばペアなどを組ませて、その相手に気がついたことを告げるという方法である。この方法だと、学生達の場合でも、五分程度の授業場面に対して、五以上を指摘することは、それほど困難なことではない。現役の教師であれば一〇以上の気づきの列挙は、困難なことではあるまい。

a―② 〈異レベルとしての「勇気」〉の自覚

ところが、気づいた人達は、直ぐ「ストップ」を掛けられるかというと、先に述べた「2―(1)―b」の日本的文化とも関連して、ことはそれほど単純ではない。

学生達などと行う場合など、学生達の目の動きや仕種からは、気づいたことは明白であっても、指名しない限り「ストップ」の声がかからないことも珍しくはない。気づきと「ストップ」発声は、異なったレベルにあるのである。社会的同一性が強く、自己主張が苦手な（端的に言ってしまえば shy なのである。）日本文化において は、他から突出しての「ストップ」発声は、精神的負担が大きいのである。この「距離」を理解しておくと、個人にとっては、それを生かした自身の開発が可能であるし、研究会等の進行者となった場合も、そのことを視野に入れた会の運営・進行が可能となるのである。

(4) 専門性発展の道（1）ライフコース

「(1)～(3)」に示したものは、基本的なものである。「誰でも、どこでもできる」ことを念頭に置いたから、「初心的」だと言い換えても、よいほどのものでもある。

もちろん、この面を改善しただけでも、（国語科）授業研究は、相当前進できる。しかし、それだけでは、専門性に裏付けられた教職という観点からは、いかにも寂しい。「人間が良くて元気であればいい。」という「素人性」を脱却して、どう専門性を高めて行くかは、日本の教師をめぐる総体的課題であり、日本の（学校）教育の将来もその成果如何にかかっている。[4]

教師の力量形成の契機は、実際には、「教授主体教授・学習材 学習主体」のそのあらゆる要素に存在する。端的に言ってしまえば、教師各自が、それを選択すればよいのであるが、ここでは、紙面の余裕もある。以下二点に限定して述べることとする。

一つは、「ライフコース」的観点への着目である。教師は、その生涯にわたってどのように力量形成を行うのか。それぞれの教師は、自身がどのような教師を目指すか、を示し合って、精進し合うことが必要なのである。

ライフコース的研究は、以下を初めとして多くの展開を見せている（山﨑準二『教師のライフコース研究』創風社、二〇〇二年）。

先般、お亡くなりになった大村はま氏は、ライフコース的観点からも、国語科教育を越える存在であろう。また、国語科教育学研究においても、既に具体的文献提示の余裕がないが、藤原顕、松崎正治達によるライフコース的観点による遠藤瑛子研究が進展している。[5] なお、こうした傾向は、単に研究レベルのみではなく、教育行政レベルでも進展していることも記しておこう。[6]

(5) 専門性発展の道（2） 作品分析技術

専門性発展のもう一つとして、ここでは上記三分法に即せば、「教授・学習材」に近い作品分析技術について言及することにしよう。

〈「無手勝流」ではない、せめて一つの「作品分析技術」の修得を！〉というのは、『「分析批評」の学び方』（明治図書出版、一九九〇年）等で、筆者が繰り返して主張して来たところである。しかし、このことが、小学校教師の場合などは、現在の大学におけるカリキュラムに即して言えば絶望的な状況にあることも幾度となく指摘して来た（望月善次・飛田多喜雄編『国語科教育学到達点の整理と展望』日本教育図書センター、一九八八、一九八九年改訂、他）。しかし、実態としては、養成カリキュラム上優位に置かれているはずの中学・高校国語教師においても、この問題は克服されていない。教師養成主体の大学側の責任は重い。また、それを自覚した上ではあるが、就職後教育（研修）段階での、場と時間の確保が無ければ、国語教師の「素人性からの脱皮」は難しいことを指摘しておこう。

3　おわりに

本小論は、「提言・国語科授業の改革」に対して、〈「論文」と「読み物」とに共に応える〉という条件を、〈筆者の体験を潜らせたという意味での「実践的」知見〉を前面に出すという形で対応しようとしたものである。自身の体験を前面に出すということは、当然客観性の点からは、限界を有するということである。

それらについては、他日を期したいと思う。

注

（1）たとえば左記も参照されたい。
望月善次「国語科教師力量形成の定位という試み～国語科教師教育論の観点から～」、日本国語教育学会編『月刊　国語教育研究』三三三号、一九九九年三月、二八～三三頁。

（2）直接的には、岩手大学教育学部専任講師 Jammes Hall 氏の「異文化理解」の講義から学んだ。貴重な場に立ち会わせて戴いている氏に感謝したい。

（3）斎藤孝『子どもたちはなぜキレるのか』筑摩書房、一九九九年他。

（4）教育政策を考察対象とした左記もある。
望月善次「教師の基礎的資格の改善をこそ～残された時間は少ない～」、『現代教育科学』五八三号、明治図書出版、二〇〇五年四月、五四～五五頁。

（5）『教育科学国語教育』六四二号、二〇〇四年一月の拙論に、その一部〔同一二九頁〕を挙げてある。

（6）筆者の在住する岩手県においても、「教職員の人材育成」を考える際に、「ライフコース研究」に通じる「ライフステージ」を主要な柱としている。
『教職員の人材育成に関する検討委員会報告』岩手県教育委員会、二〇〇五年、九～一二頁。

3　「教室の中のことば」のゆくえ

竹内常一（國學院大学）

1　はじめに

この春、私が上梓した『読むことの教育』（山吹書店刊、績文堂発売）の中に「教室の中のことばの断層をこえる――言語の中の国家と市場と市民社会」という章がある。その中で、私は「国家のことば」と「市場のことば」をこえて、「市民社会のことば」をつくりだしていくことが「ことばの教育」の課題だとした。

この問題提起は、いいかえると、「国のことば」でもない、また「市場のことば」でもない「自分のことば」と「自分たちのことば」をつくりだしていくこと、別言すれば、既成の「標準語」でも「共通語」でもない、未発の私たちの「共通のことば」をつくりだしていくことを「ことばの教育」の課題にしようというものである。

ところで、ここであえて「ことばの教育」といって「国語科教育」といわなかったのは、第一に、「国家のことば」「国のことば」である「国語」そのものを相対化、対象化したかったからである。

第二は、「ことばの教育」という用語をつかうことで、学校における「ことばの生活」全体を問題にしたかったからである。

第三は、このような問題意識にたって、いま生徒たちが学校の中でつかっている、またつかわされていることばとは一体どのようなものかを明らかにしたかったからである。

このことは、いいかえれば、いま「教室の中のことば」がどのようなことばからなり、どのような動態をとっているかを明らかにし、それとの関連で「ことばの教育」の課題が確かめたかったということである。

そこで、まず「教室の中のことば」からみていくことにしよう。

2　教室の中のことばの三極構造

私たちは「教室の中のことば」が「標準語」または「共通語」といわれる単一のことばからなっていることを前提として「国語科教育」というものを考えている。だが、「教室の中のことば」はそのような単一のことばからなっているのではなく、多様なことばからなっている。

鈴木聡は「『学校のことば』のゆくえ」（『世代サイクルと学校文化』日本エディタースクール出版部、二〇〇二年所収）の中で、学校の中のことばが「話しことば（声としてのことば）」と「書きことば（文字としてのことば）」と「エレクトロニクス（電子）のことば」からなっていると指摘し、この三つのことばがどのような関係にあるのかを問題にしている。

また、これは学校の中のことばを問題にしているわけではないが、富岡多恵子は『国のことば』と『女のことば』」（『藤の衣に麻の衾』中央公論社、一九八四年、『現代文　改訂版』三省堂、一九八九年所収）の中で、「国のことば」を問題にして、それに「母のことば」を対置している。そのバリエーションとして、「母国語」と「母語」、「国のことば」と「地方のことば」、「男のことば」と「女のことば」、「書きことば」と「喋りことば」それに「記号としてのことば」、「知識のためのことば」と「生活に密着したことば」などをあげている。

このような見方にたって「教室の中のことば」をみると、それもまた多様なことばからなっているということができる。もちろん、それは多言語社会の学校にみられるような多様性ではないにしても、その内容も形式も異なる多様なことばが教室の中に並存・混合・対立し、その主導権を争いあっている。

かつての教室にあっては、「国のことば」（標準語）と「地方のことば」（方言）、「書きことば」と「話しことば」、「知識のためのことば」と「生活のためのことば」、「学校のことば」と「生活のことば」が並存していたり、対立していたりしていた。それだけではなく、正統的で権威的なことばである前者が生活の中のことばである後者を抑圧し、従属させてきた。そのなかでは、教師のことばは前者に属し、生徒のことばは後者に属していた。

ところが、情報化の進展・エレクトロニクスのことばのひろがりのなかで、新しく「市場のことば」「メディアのことば」が「教室の中のことば」の第三の極となった。そのために、「教室の中のことば」は①「国のことば」の系列、②「生活のことば」の系列、③「市場のことば」の系列の三極からなり、その動態もかつてとは異なるものとなった。

3 「教室の中のことば」の動態

その動態をいまかりに整理すると、つぎのようになる。

(1)「国のことば」と「市場のことば」が現象的に対立し、権威的な前者が饒舌な後者に圧倒される状況がひろがっている。そのために、これまで生徒たちの「生活のことば」とそのコンテキストを抑圧し、排除してきた「学校のことば」は、いまやその権威を失いつつある。いや、それどころか、権力的な統制を加えない限り、「学校のことば」のコンテキストは「市場のことば」によってかき乱され、生徒たちを包み込むことができなくなっている。

(2)また「メディアのことば」「市場のことば」は、生徒たちの「生活のことば」を空洞化し、かれらのことばを包摂するまでになっている。そのために、それは生徒たちをその生活のコンテクストから切り離し、かれらの自己を散乱させ、市場とその文化支配の傘のもとに吊り上げるまでになっている。生徒たちは一方では饒舌なことばを軽いノリで語り、他方では自分の中に重苦しい沈黙をかかえこんで、自分たち固有のことばをもてないという状況のなかにある。

(3)このような中で、権威的な「国のことば」「学校のことば」に自足している「教師のことば」と、「市場のことば」「メディアのことば」に包摂されている「生徒のことば」とが通じ合わないという事態がひろがっている。そればかりか、後者が前者の統制をすり抜け、前者を冷笑するまでになっている。いまや後者が前者に代わって「教室のことば」の主導権をとるようになっているともいえる。そのなかで、教師と生徒のディスコミュニケーションがひろがり、「授業が成立しない」といわれる状況が生まれている。

(4)このような問題状況の中で、「国のことば」と「市場のことば」、「書きことば」と「エレクトロニクスのことば」とをむすびつけて、「国語」なるものを再編成しようとする動きがある。それは具体的には国語科では文学教育の縮小、言語技術教育の重視という形をとっている。だが、そうだからといって、これまで国語科の「文学教材」が担ってきた道徳・修身的な言語内容は消えたかというと、そうではない。それは「心のノート」と「国歌斉唱」という形をとり、より直接に生徒たちのことばを統制するものなっている。そこでは、「国語」と「国歌」がふたたび一対のものとして登場している。

このような動きは「新しい学力観」の導入を契機にしてはじまったが、その後の「学力低下」批判論による修正を受けて、「ことばの記号化」をいっそう進めるものとなっている。それは、高校で国語学力の向上が叫ばれるとき、かならず「カンケン」（漢字検定）が導入されることのなかにもみることができる。ここにみられるように、「ことばの記号化」は「受験学力」の重視のなかで生徒たちの言語生活のすべてをおおうまでになっている。

4　「ことばの教育」の課題

このようにみてくると、「教室の中のことば」の断層は「国のことば」と「市場のことば」の間にあるのではなく、「国のことば」及び「市場のことば」と「生活のことば」との間にあるといわねばならない。

「国のことば」は生徒のことばを抑圧し、それを教室から排除する。「市場のことば」が生徒のことばを包摂し、それを空洞化する。両者は生徒の「生活とことば」を疎外し、かれらから「自分のことば」を奪うという点では共通している。

そうだとすると、「教室の中のことば」の課題は、「学校のことば」にとらわれている教師はもちろんのこと、「市場のことば」に包摂されている生徒が「自分固有のことば」をとりもどすこと、いいかえれば、自分のコンテクストのなかに封じ込められている「自分のことば」を蘇生させることにある。

そればかりか、自己と他者が相互に応答し、「自分たちのことば」をつくりだすことにある。ということは、教師と生徒、生徒と生徒が自分たちの共通のことばをつくりだし、現実を共有し、共通の世界を立ち上げ、共同してそれに関与し、参加していくということにある。

そうだとすると、これらの課題の追求を可能にする「対話」が「教室の中のことば」の課題として浮上してくる。だが、ここでいう「対話」は「会話」や「討論」ではない。それは、聞き・語るものが「他者のことば」に応答するなかで「自己のことば」を引き出していくことである。また、自分の応答をつうじて「他者の（自分の）ことば」を引き出し、それに応答されることのなかで「自分たちのことば」を立ち上げていくことである。

ところで、このような「対話」を教室の中につくりだしていくためには、教師も生徒も自分にとりついている「国のことば」や「市場のことば」から抜け出してことが条件となる。だが、それから抜け出していくためには、まずそれぞれが目の前の「他者のことば」（生徒または教師のことば）に応答することをつうじて「自分のことば」をつくりだしていくことが必要となる。

だから、「他者のことば」を聞き取ることが課題となる。だが、それは表面的な他者のことばを表面的に聞くということではない。それは他者のコンテキストの中に封じ込められている「他者の（自分の）ことば」を聞き取り、読みひらくことである。この聞き取りと読みひらきのなかから「他者のことば」と「自分のことば」が現れてくると同時に、「共通のことば」がつくりだされ、共通の世界がせりだしてくる。

このような対話を自他の間につくりだすことができるようになると、「国のことば」や「市場のことば」にうめこまれていた「他者の（たとえば登場人物や語り手の）ことば」をも聞き取り、読みひらき、応答することができるようになる。ことばの教材を編み上げている他者の声と他者たちの対話を聞き取ることができるようになり、それらと対話ができるようになる。

それができるようになるとき、はじめて私たちは「国のことば」や「市場のことば」から自立できるようになると同時に、それらをふくむ多様な社会的言語とも対話し、それらを媒介する共通のことばをつくりだしていくことができるようになる。

そればかりか、対話は人間と世界とのあいだにも相互応答的な関係をつくりだすものとなる。自他が相互応答的になることと平行して、人間は世界の他者性を尊重し、世界と対話し、世界と共生する道をひらいていく。世界は私たちの口をつうじて語りはじめるのである。そのなかで、私たちは「国のことば」や「市場のことば」がつくりあげているニセの現実やバーチャル・リアリティをこえて、自分たちの現実世界を望み見ることができるようになる。

そのとき、「ことばの教育」は「市民社会のことば」を編みあげるものとなり、授業空間を公共空間として組織するものとなるだろう。

4　地域言語文化の発見と創造

府川源一郎（横浜国立大学）

1　地域の教育課程

現行の学習指導要領が実施される際、各学校でカリキュラムを創造することの重要性が喧伝された。こうした趣旨は戦後一貫して指導要領にうたわれていたが、実際には文部省の提示した教育政策が上から下におろされ、地域はそれをそのまま受諾せざるをえないような状況が長く続いてきたことは、周知の通りである。地域の教育委員会も十分に特色を打ち出すことはできなかったし、各学校ごとのカリキュラムを作成する動きも盛んとはいえなかった。主たる教材である教科書の採択についても、義務教育段階では、各学校ごとに選択できるようになってはいない。

しかし、現行の学習指導要領では「総合的な学習の時間」が創設され、また授業の一単位時間や授業時数の運用の弾力化が図られ、教科の内容を二学年まとめるなどの大綱化が進められた。これは、小さな政府をめざした政権の政策の一環であり、地方への権限委譲、民間活力の活用などの「教育改革」の動きと連動している。文科省が進めている現在の教育改革については、あらためて別に論じなくてはならないが、各学校が創意工夫を生かし特色ある教育、特色ある学校作りを進めることを重視する姿勢には、変化がないだろう。というより、筆者はこれを、学校を中心として地域の文化を創成する可能性として受け止めたいと思うし、実際そうでなくてはならないと考えている。

国語教育という枠に限っていうなら、学校から言語文化を地域に降ろしていくような教育ではなく、地域の言語文化から、あたらしく学校教育の内容を編み直していくような言語の教育を構想する必要がある。ことばの教育が地域の生活と密接につながり、また地域からも学校のことばの教育についての示唆が得られるような「国語」教育が求められているのだ。以下、そうした方向を目指した試みのいくつかを紹介しながら、地域の言語文化を育む「国語教育」のあり方について考えてみたい。

2　地域の子どもを育てる

私たちは、それぞれの地域の中で教育活動を行っている。したがって、そこでの営みはそのまま「地域の子どもを育てる」ということにつながっている。とすれば、あえて「地域の子どもを育てる」というような言い方をする必要はないかもしれない。

確かに、私たちは直接に「地域の子ども」を対象として教育活動を営んでいる。しかし、その教育が、子どもたちに、郷土に生まれたこと、あるいは郷土で育っていくことの喜びと自負とを育てているか。また、地域に根ざした思考と、地域の文化をふまえたものの見方を、身につけることができているか。それが問題である。もし、学校教育が、その地域に生まれたことの誇りとそこへの愛着とを産み出していないとするなら、ほかならぬ「地域」で教育活動をすることの意義は、どこにあるのだろうか。

もっとも、地域に深く腰を据えた教育とは、偏狭な愛郷心を育てるものではないということも、直ちに言い添えておかなければならない。自分の住んでいる地域に対する愛着は、当然、他の地域に対する関心やそれへの理解へと広がっていき、相互関係の中で、あるいは協調関係の中で問い直される。自らの地域への愛着は同時に、他の地域でもそれが自らの地域と同じように育まれ、大事にされていることの了解へとつながっていかなければならない。

知られているように生活綴方の理論家であり、優れた実践家であった東井義雄は『村を育てる学力』（明治図書出版、一九五七年）という著書を公にしている。東井はその中で、「村を捨てる学力」と対置させ、地域の現実の中に根を下ろして生きることの問題を実践的に模索した。生活の中から題材を探し、記録し、互いに読みあうという言語活動の教育を通して、それを実現しようとしたところに東井の実践の特徴がある。もちろん、小さな村に拠点を置いた実践は、今日のような産業社会の構造が大きく変わり、グローバル化した時代には、そのまま当てはまらない部分がある。また、ざら紙に文章を綴り、それを文集にして読みあうといった教育方法も、コンピュータやケータイのメールを活用できるようになった今日の言語文化の状況にそぐわないところもある。

しかし学校教育が、地域の現実の問題や、そこに集う人間関係の中から学習の素材を探し、その変革に向けて働きかけを続ける機能を期待されているのは、今日でも同じである。いや、まさに今日こそ、学校はそのような「学力」を子どもたちに保障しなければならないのである。

3 地域の言語文化の教材化

まず、主たる教材である教科書の問題から考えてみる。検定教科書は、あらかじめ教えるべき内容が、順序よく並べられているから、それを使えば過不足のない学習が、ひととおりできる。しかし、そこに掲載されている教材は、全国版の教材でしかない。地域の言語文化に目を向けるような仕上がりにはなっていない。これは、日本全体を商圏とする商品という性格上、仕方のないことかもしれない。もっとも、社会科などの地域学習においては、地域で作成する副読本を抜きにした学習は成り立たない。実際、小学校の三・四年生では、地域の教師たちが作成した資料集が活用されている。また、体育や道徳などでは、地域版の副読本も作られており、わずかではあるが各地域の事情が反映されている。

だが、国語科では、そうした試みはほとんど見られない。中学・高校などで使われる資料集には、地域の文学に関わる情報を掲載した「地域版」もないわけではないが、本格的なものではない。こうした傾向にたいして、散発的に、また継続的に地域教材を開発して実践し、その成果を蓄積している所もある。そのなかでも、もっとも体系的にそうした作業に取り組んできたのが、おそらく沖縄の例ではないかと思われる。

沖縄には、高等学校の副読本である、沖縄県教育文化資料センター編『新編　沖縄の文学』（沖縄時事出版、二〇〇三年）がある。内容は方言、歌謡、琉歌、琉球説話、琉球和文学、琉球漢詩文などで、音声資料としてCDも付いている。この仕事の前身として、沖縄県高等学校障害児学校教職員組合が編集した『高校生のための古典副読本　沖縄の文学』（一九七〇年）、『高校生のための副読本／近代・現代編　沖縄の文学』（一九九一年）がある。また、義務教育段階では、琉球大学教育学部が、国語読本『おきなわ』（仮称）をつくる会が、一九九一年教材集の試作をしているし、中学校では『わかりやすい郷土の文学』という副読本がある。沖縄の言語文化を若者たちに伝えようという熱意に満ちた試みだといっていい。

特筆すべきは、これらの副読本と同様な趣旨で、沖縄の教育委員会が『郷土の文学』という「教科書」を作成したことである。これは、平成元年度版の学習指導要領の高等学校国語科で、国語に関する「その他の科目」を設置することが出来るようになったのをきっかけにして作られたものである。つまり、正式に「郷土の文学」という科目の中で使用されることを想定して地域版「教科書」が作られたのだ。これに倣えば、どの地方でも高等学校用の「地域教科書」の作成は可能だし、義務教育段階においても、副読本という形なら十分現状に対応できるはずである。

もちろん、これまでにも、各地で子ども向けの民話集や、○○風土記などと題した子どもたちの文章類が出版されたりしている。また、商業ベースではない地域・学校ごとの作文集や詩集なども編集・発行されている。そうした地域言語文化財が、進んで教育の場に持ち込まれて活用されていることも間違いない。さらには、最近「総合的な学習の時間」などと連動させて、地域に題材を採った作文活動・表現活動なども盛んに行われている。例えば、地域のお年寄りに昔の生活や遊びを聞いて文集にまとめたり、地域の風土や産業について新聞やパンフレットを作る学習などである。

こうした学習を実施することはきわめて重要だが、ここでは、それを地域言語文化の継承と再創造という観点から、各学校の国語科の教育課程に位置づけ、国語の学習の中に系統化することの必要性を訴えたい。柱は、大きく言って二つある。一つは、地域の言葉それ自体を客観的に見つめる学習で、もう一つは地域の言葉の魅力を楽しんだり、味わったりする学習である。領域で示すなら、前者は言語事項の指導になり、後者は、文学や表現の指導になる。以下、具体的にそれを考えてみよう。

4　地域言語の文学化と分析

まず、話しことばを文字化する学習が考えられる。

ことばの基本は、音《おと》である。ところが学校教育では、大部分の学習が文字表記された言語を相手取って行われている。文字言語は思考を高度に制御する機能を持つから、それはある意味では当然だ。しかし、私たちは、そのことに埋没してしまい、ことばの学習にとって最も重要なのが声であり、音であることを忘れがちになる。

実際に、話していることばを文字表記しようとすると、さまざまな問題が出てくる。この作業自体もことばの学習として多くの可能性をもっているのだが、今は「方言」の問題に、話を絞る。

耳から聞いた方言を、文字に書き留めようとするとき、いわゆる五十音では表記できないことに気がつく。ある地域では、三重県の県庁所在地「つ」は「ツゥ」である。またある地域では、「えだ」は「イェンダ」である。いや、本当はこうした片仮名表記では十分ではない。かわりに、ローマ字を使えばどうなるか。発音記号ではどうなのか、などなどと試行錯誤することによって、音と文字の関係を深く考えることができるだろう。その作業は、文字＝正(優位)、音＝訛(劣位)という方言をめぐる固定観念を問い直し、それを相対化することにつながる。

さらに、方言語彙を集めて、「辞書」を作ってみよう。名詞だけでなく、さまざまな品詞を集めて、それを、分類するのだ。ある地域の、「とぶ」は、「飛ぶ・跳ぶ」だけではなく「走る」という意味を包含している。また、ある地域の「行きよる」という動詞の活用は、「行く」という共通語の活用表の中には存在しないが、共通語にはない現在進行形を表す表現形態でもある。

こうした作業の中で、私たちは、あらためて「辞書」の政治性に気がつくはずだ。もともと近代国家にとって、辞書の編纂は国家の威信をかけた大事業だった。辞書の編纂とは、正しい語彙を選別し、その意味を確定し、文典として正しい言語使用法を定着させる行為である。そうすることによって、国家語の権威が保証される。

もちろん、近代国家を文化面から支えた先達たちの努力の結果として、私たちは今日、多くの辞書を活用することが出来るような環境の中に暮らしている。学校教育の中でも、正しい意味や正しい表記を確認するために、辞書の利用が学習指導の中に取り入れられている。しかし、方言語彙の「辞書」を作成してみることで、辞書＝正(優位)、方言＝誤(劣位)という図式を疑うことが出来る。このように言語事項の学習は、地域言語の位置を測定するためには、きわめて重要で、また興味深い学習として展開することが可能なのだ。

5　地域言語の芸術化

文学はその言語集団のアイデンティティーを直接に、しかも具体的に作り出す。口承文芸を含めて、広い意味での文学をもたない民族はない。ということは、もっぱら日常の情報伝達の言語だけでは、民族としての共同幻想を創り出すことはできない。言語共同体の中で、その始原や記憶をひとまとまりのストーリーとして語ることのできる物語＝文学ということばの形式こそが、人々の裡に共通の心性を作り出してきたのである。

近代においても、文学を書くことは、作家個人の表現意欲の発露であると同時に、日本国民であることのアイデンティティーを不断に作り続けることでもあった。大量に印刷公刊され、短時間に多くの読み手によって読まれるようなメディアとして登場した物語・小説が、そうした役割を担ったのである。しかしそれは、同時に国家語による言文一致運動を牽引するものでもあった。

これに抗して、方言による文学創造の試みもなされた。有名なものに「方言」による詩作の運動がある。弘前の高木恭造の方言詩集『まるめろ』（一九三一年）や『雪女』（一九七六年）は芸術活動としてよく知られているが、近年、島田陽子の『方言詩の世界』（二〇〇三年）が提唱した、学生に方言詩を書かせる試みが、教育界でも共感を得ている。もっとも、子どもたちの生活語を芸術として表現させようという教育実践は、生活綴り方運動の中で大きく展開してきた。

私たちはこうした先行の研究に学んで、地域の文学の創造の問題を考える必要がある。現在では、各地域の方言を文字化するための、方言のワープロソフトが開発され、またインターネットでは方言学習のさまざまな成果が公表されている。こうしたツールを活用することが出来るようになった今こそ、地域言語文化の発見と創造という観点から、国語の学習の実践を積み重ねていかなければならないのではないだろうか。

5 「認識の枠組み」としてのことばの力を

加藤憲一（大東文化大学）

1 問題意識

国語科は、子どもの「ことばと発達」にかかわり、系統的な指導にその責任を負う教科である。言葉を媒介とする人間的発達は、幼児のことばと発達の関係を見れば明らかである。一般に幼児の言語獲得過程は、「満一歳の誕生日の前後から、言葉らしいものが出はじめ、一歳半から二歳半前後に掛けて、爆発的獲得期に入る[1]」。そして他者やものごととの関係のなかで、その言葉を能動的に使いながら、「生活を言語化し、人々との交わりを変え、自分の行動をコントロールし、自我の感情を客観化し概念や知識の形成に参加[2]」するなかで、身の回りの世界の認識を広げ、社会的存在として成長していく。母語習得過程は、「より人間たらしめることの大きな源であり、その証[3]」であり、世界認識の枠組みの獲得過程でもある。

にもかかわらず、子どもたちが学校教育、社会的環境に入りこむほどに「ことばの発達が、人間性の喪失につながってゆく[4]」現実は否めない。「マスメディアの発達の中で言葉の平均化、心をとらえることができない言葉」の氾濫、コミュニケーション障害の子どもに見られる「自己を語る言葉をもたない」現実、他者の命を奪う子どもたちの様々な事件にみる生命感覚に、ことばと心の乖離、「意味と言葉、生活とことばの遊離・乖離」などが指摘されている[5]。

国語教育の場では、「ことばとこころ」「ことばと生活」「ことばと現実」を密接不可分な関係でとらえた指導を基本としながら、同時にそのことばによる人間や世界を認識・表現できる主体を育てることをめざしたい。国語科はことばによって、人間、自然、世界の全ての内容理解・認識を対象とする教科であるから、総合的学習そのものである。その学びを通して、人間観・世界観を形成させていく。

そのためには、ことばでどう思考し認識するか、その世界「認識の枠組み」を育てる国語教育への転換を重視したい。世界「認識の枠組み」としての「ことばの力」を、戦後の民間教育研究とのかかわりでとらえ、西郷竹彦が提唱し、文芸研が実践的に取り組む人間観・世界観を育てる「教育的認識論」に焦点を当てる。

2 「認識の枠組み」とは何か

ある医学者が学力低下問題にふれて、「最近の若者の理科離れ問題を考えるときに、立ち戻るべき基本は国語です。理論的仮説構築ができるか、再現性があるかという検証、生身の人間を客観視して体系的に分析する本物の科学的思考を支える力こそ、実は国語力」であり、「受動的な教育から、言語で表現する教育への転換が必要」[6]と語っている。ことばによる分析・総合の認識のあり方を学ばせることの大事さの指摘である。ここでの「言語」とは、「理論的仮説構築」「再現性があるかという検証、生身の人間を客観視して体系的に分析する本物の科学的思考を支える力」としてのそれであり、「認識の枠組み」としての「国語力」となる「言語」である。そのことばの力を使っての主体的な表現は、自己や対象を論理的に意味づけ、自己形成へつながる。

ところが、学習指導要領にもとづく国語科教育の現実はそうではない。二一世紀の国際化・情報化に見合う能力育成として、「伝え合う力」を、「話す・聞く」へと極端に傾斜させ、活動的言語観を前面に出し、丁寧な文章の「読み」を著しく狭めている。「書く」ことは「日常生活に必要な言語能力として」の実用的文章の次元にとどめ、意味を深め現実認識を育てる視点を欠落させている。世界「認識の枠組み」としてのことばの力とは乖離する。

学習指導要領ではもともと、ことばの力は言語活動を繰り返すことによって育成されるとしてきたが、九〇年代以降の新学力観にもとづく活動主義的国語教育の姿は、その延長線上にあり、ことばと思考・認識の発達を軸とする主体の変革にかかわる国語教育にはなりえていない。

3　認識の方法と系統性論議の発祥

「認識」という語が教育用語として広がったのは、戦後教育、特に経験主義教育というアメリカ教育の影響から脱した一九五〇年以後である。それは、日本の教師たちの己の戦争協力という忌まわしい過去への反省から、真理・真実を見抜く子どもを育てたいという願いと、人類の遺産としての知識の伝達を疎かにするきらいがあったといういわゆる戦後の新教育への反省からであった。[7]

そうした中で民間教育運動では、教科研集会一九五八年以降の「認識と教育」論議がきわめて大事な方向性を示していた。「教育の目的を明確にし、全人間的な成長を目指し、豊かなヒューマニズムと知性（論理的な思考力、現実批判力、問題解決の能力、想像力）を育てるという観点から各教科の認識の発達を、実践においてとらえ」、「その際に重要なことは、各教科の学習にそれぞれ独自で固有な価値を実現していくのだが、それらが相互に矛盾し合ったり、相殺したりせず、相互に助け合う関係をつくりあげていく過程を実践的に明らかにしていくこと」を視座していた。[8]

また、「思考のカテゴリーと認識の方法」（以下「認識の方法」）の系統性という重要な提起をしている。小川太郎は、系統性を「①認識の方法、つまり帰納法とかアナロジー（比喩）と演繹法とかいうものの系統　②技能の系統　③知識の系統」の三つに分けて考え、それを「各教科特有なものと考えないで、もっと、全体に亘る思考の基本形式（哲学的にいえば）として使う必要があるのではないか。カテゴリーは沢山ある（因果性・実体と属性、関係・相互作用・同一と差違・・）[9]」と述べている。

このような教育において認識を育てることの意味、教科の固有性と関連性、認識の内容と方法の系統性などの指摘は、その後の民間教育運動と研究の骨格となる大きな課題提示であり、方向性を示していた。一九六〇年代以降、民間教育団体における個別的独自な研究実践活動の発展は、各教科教育の理論と実践の深化を促し、各教科の本質的把握と、その指導の系統性を明らかにした。

では、教科研の提起した各教科相互に共通する「認識の方法」と、その系統性は、どうだったのか、国語教育の側から考える。

4　認識力を育てる国語教育

教科研国語部会では、すでに五六年テーゼとして、国語教育の基本目標を「子どもたちをすぐれた日本語の担い手に育て上げること」と規定していた。そして教科内容・構造として、①言語教育＝系統的に教える日本語指導　②言語活動教育（読み方、文学、綴り方、話し言葉）ととらえており、この考えがその後の日教組教研集会等での国語教育の主流を成していく。文学教育では「人間的世界の真実・正義・美などを認識させ」、綴り方では、「自然認識、社会認識、人間理解を広め」「認識諸能力（観察力、表象力、思考力、想像力）を伸ばす」ことを目ざし、日本語についての「体系的・系統的指導」も重視していた[10]。

当時、滑川道夫は国語科の目標を「日本語を手段とする言語活動をとおして、子どもの思考・認識を育て、その成果である思考・認識にもとづいて、さらに理解・表現の能力を育てて発展させていくこと」とし、言語機能として「伝達性」「創造性」「思考・認識性」の三つをあげている[11]。

国分一太郎は、生活綴方の目標として、「『認識力』とか『認識諸能力』といった言葉を使い、それをのばすことを、教育の一般的目的にそう生活綴方のひとつの目標とする」と述べている[12]。そして、認識諸能力の内容を①観察力（感覚・知覚をもとにする）②表象力（記憶・再生・再認・想起など）③思考力（分析・総合、比較・対照―類似点・相違点、具体化・抽象化、一般化・体系化、分類、関係・関連しての判断、判断と判断からの推論、願望、想像力など）ととらえている。生活綴方教育で言われる「ものの見方・考え方・感じ方の力を育てる」という内容は、国分のいうこの認識諸能力を指している。これは、小川の指摘する各教科の関連軸になりうる「認識の方法」であるが、これだけでは概括的であり、子どもの認識の発達との関りでの系統化までは到っていない。

5　西郷竹彦の「教育的認識論」提唱

一九八〇年代、文芸研会長の西郷竹彦は二〇年近い研究実践の結果確立させたとする「ものの見方・考え方（認識の方法）の関連・系統指導案を提唱する。そして、それは子どもたちのことばによる、世界「認識の枠組み」

（人間観・世界観を深める有効な方法）として、その後の文芸研の研究実践に重要な役割をなす。現在、活用されている「関連・系統指導案(13)（小学校の中心課題／（西郷試案2の1）は、次のようなものである。

0　観点　目的意識、問題意識、価値意識
　　真・偽　ほんとう―うそ
　　善・悪　いいこと―わるいこと
　　美・醜　きれい―きたない
　　有用・無用　やくにたつ―やくにたたない
1　比較　分析・総合　分ける―まとめる
　　類似性、同一性―類比（反復）
　　相違性――――対比
2　順序、展開、過程、変化、発展
　　時間・空間・因果・心情・思考・論理・意味
3　理由・原因・根拠（わけ）
　　事象―感想・意見（１２３低学年）
4　類別（分類・区別・特徴）
　　特殊・具体　⇅　一般・普遍
　　全体と部分
5　条件・仮定・予想
6　構造、関係、機能、還元（１～６中学年）
7　選択（効果、工夫・）変換
8　仮説・模式
9　関連（連関）相関、類推（１～９高学年）

これは「哲学における存在論、認識論との関わりと違いをふまえて〈教育的認識論〉と名づけ(14)」られた。用語自体は、既に波多野完治が『子どものものの考え方』（岩波新書、一九九三年）で使用しているが、西郷のそれは、内容的に教育現場で生きて機能する「ものの見方・考え方＝ものの分かり方＝認識の方法」として小学校低学年、中学年、高学年と学年発達段階に見合って体系的に整理され、「各教科相互に共通する認識の方法」として、国語科の各領域はもとより、各教科間の関連・系統が図られているところに発展があり、意味がある。西郷の意図する「方法」とは、人間や世界のものごとの「本質・法則・真理・真実・価値・意味」というものごとの本質（認識の内容）を認識させる「方法」である。即ち世界認識の枠組みとしての「方法」であり、内容とは乖離しない。「認識の方法」をものさしに、「認識の内容」へ接近することができる。

教育の目的を「自己と自己を取り巻く世界・状況をよ

りよく変革する主体を育てる」ととらえ、そのために国語科では「ことばによるものごとの本質を認識し、表現する力（認識の力）」を育てるという明確な課題から導き出された関連・系統指導案でもある。

文芸研では、これにより国語科のみならず、全教科を関連させ、総合学習を成立させて子どもの認識を総合的に育てることを可能にしている。何よりも形式論理としてのカテゴリーではなく、子どもたちの人間観・世界観を育てる土台とした理論であり、方法であるというところに重さがある。そしてこの「ことばの力」となる世界認識の枠組み、認識の方法と系統性は、前述のように民間教育研究にその原点と方向性を見ることができるが、西郷の提起はその具体への地平を拓いている。[15]

国語科教育では、子どもの人間的発達、世界観形成に接近できる本質的ことばの教育とは何かを見定め、〈ことばと心、ことばと生活、ことばと現実〉をふまえつつ、論理的に思考し、ものごとの本質を認識・表現する力を育てることをこそ重視したい。そのためのことばによる「認識の枠組み」としての「認識の方法」とその系統性を探究することの意味は大きい。これは国語科教育改革への大事な視点であり、西郷試案はその指標となる。

注

（1）～（4）岡本夏木『子どもとことば』岩波新書、一九八二年、二～一〇頁、一三頁
（5）加藤憲一『作文教育入門』明治図書出版、二〇〇四年、一三頁
（6）黒川清「日本の生命科学はどこに行くのか　第一回」『世界』（二〇〇五年一月号）一七四頁
（7）波多野完治・滝沢武久『子どものものの考え方』岩波新書、一九六三年、六九頁
（8）（9）勝田守一『教育と認識』明治図書出版、一九六八年、三三頁、七一頁
（10）奥田靖男・国分一太郎編『国語教育の理論』麦書房、一九六四年、六頁～一二頁
（11）（12）『講座生活綴方1』百合出版、一九六一年、一三頁
（13）（14）『西郷竹彦文芸教育全集4』恒文社、一九九七年、二頁、四一頁
（15）加藤憲一「総合学習を可能にする学力とは何か」『文芸教育81』明治図書出版、二〇〇二年、二八頁

6　ＯＥＣＤ国際学習到達度調査の結果をどう見るか
――「読解力」低下の原因と今後の国語科教育のあり方

鶴田清司（都留文科大学）

1　「読解力」の低下は何を意味するか

周知のように、二〇〇三年に実施されたＯＥＣＤの国際学習到達度調査（ＰＩＳＡ2003）で、日本の高校生の「読解力」が大幅に低下した。平均点の順位は、前回調査（二〇〇〇年）の八位から一四位になった。上位集団からＯＥＣＤ平均と同程度への低落である。しかも、諸外国に比べて日本の平均点が一番大きく下がっている。

日本の生徒の正答率がＯＥＣＤ平均を五ポイント以上も下回った問題は六問あるが、そのうち五問は、書かれた情報から推論して意味を理解するという「解釈」の力をみる問題だった。新しい教育課程のもとで国語の授業時間数が減ったことに加えて、劇化や発表など活動主義的な授業が多くなり、「読むこと」の指導が不十分になっている現状が問い直されることになるだろう。

今回の調査で気になるのは、「最も基本的な知識と技能が身についていない」とされる「レベル１未満」の生徒が、日本は七・四％でＯＥＣＤ平均の六・七％より多くなっていることである。前回の調査では二・七％だった。「レベル１」の生徒も増えている。塾に行っている子と行っていない子、読書量の多い子と少ない子の学力格差が広がっている可能性が高い。これは最近の各種調査でも明らかになっている。たとえば苅谷剛彦氏らが二〇〇一年に実施した学力調査（小五と中二）によれば、通塾者と非通塾者を中心にして「基礎学力の格差拡大」が起きていると指摘されている（「『学力低下』の実態に迫る（上）」『論座』二〇〇二年六月号、四二〜五八頁）。

本来、学校教育の役割はこうした格差を縮小しつつ、全体を底上げすることにあるが、先に述べたように「読むこと」の指導が不十分になっているため、学校外での生活状況（家庭環境・学習経験・読書経験など）がそのまま学力調査の結果に表れてしまっているのである。

ＰＩＳＡ2003の結果については、最近さまざまな議論がなされている。私もいろいろな場で発言してきたが、本稿ではその総括と今後の方向づけをしてみたいと思う。

2 「読解力」の低下をめぐる議論の検討

先の学習到達度調査（ＰＩＳＡ2003）の結果をめぐって、有識者の中には次のような発言をしている人がいる。

ａ 国際的に見ると、人口の多い国の中ではまだトップレベルの水準にあるから、心配いらない。あまり騒ぎ立てない方がよい。

ｂ 長期的に見ると、読解力は低下していない。戦前の日本人の読み書き能力調査に比べるとはるかに読解力は高くなっている。

ｃ ＰＩＳＡの「読解力」は、国語科教育（読解指導）で言う〝読解力〟とは全く異なる。それは社会生活に役立つ実用的（機能的）リテラシーであり、〝生きる力〟に近い。だから、国語（読解指導）の指導時数が減ったことに原因があるのではない。

これらは、二〇〇〇年調査に比べて「読解力」が大幅に低下した事実を直視していない。きわめて皮相的かつ楽観的な見方であり、昨今の国語科教育（教育行政および教育実践）の問題に目を向けなくさせる危険がある。

ａは何の意味も持たない議論である。人口一億人以上の国なら学力は低くてもよいのか？

ｂは論外である。就学率も教育水準も低い時代のデータを引っぱり出さなければ、自己防衛ができないのか？

ｃは正論のように見えるが、よく検討してみると、問題がある。仮にそうだとしたら、なぜ二〇〇〇年調査では出来がよかったのか。これまでの読解指導が担ってきた〝読解力〟がＰＩＳＡに通用しないなら、その時にも悪い結果が出ていたはずである。しかし、実際はまだトップレベルにあった。ということは、やはり読解指導が一定の役割を果たしていたということを示している。

ｃの論者は、ＰＩＳＡの「読解力」問題は国語教科書の教材文とは異なるタイプの文章だと言っている。確かに、教科書のように教育的観点から加工・編集された文章ではなく、実生活の中で使われるような文章が出題されている。また、図表などの「非連続型テキスト」も含んで、①情報を取り出す、②解釈する、③熟考・評価するという三つの課題が設定されている。

ただし、書かれてあることの意味を読みとるという「解釈」のレベルでは同質の能力を求めている。むしろPISAの場合は高校の教科書に出てくるような評論文・小説よりも平易な文章（イソップ物語なども含まれる）が多く、難易度はそう高くない。公表されている問題文を見るかぎり、教科書の文章がきちんと理解できる生徒にとっては十分に正答できる問題である。つまり、PISA2003でも従来の〝読解力〟はかなり正確に計測できるはずである。が、その「解釈」を見る問題でOECD平均を大きく下回っている。さらに日本の高校生は、テキストを読んで自分の考えを述べるタイプの問題（自由記述）が苦手だったという事実も明らかになっている。

こうしたことをきちんと受け止めて、今後の国語科教育の課題とすべきである。昨今の議論では、PISAの「読解力」と国語科の〝読解力〟の違いが強調されすぎている。もちろん、実生活の中で教科書以外のさまざまな文章を読み慣れることも「読解力」向上には必要であるが、両者には重なる部分も多く、その部分の低下はやはり最近の読解軽視の国語科授業（授業時数の減少と活動主義的な授業形態）にあると見るべきである（『教育科学国語教育』六五六号、二〇〇五年五月号の拙稿「読み方のトレーニングと多読の経験を重ねる」も参照）。

なお、「読解力」が大幅に低下したという事実を直視しない教育学者（国語教育学者も含む）の発言が多いと述べたが、最近、そうした「学力低下」の事実をふまえた上で、その原因について分析した論文が出た。『世界』二〇〇五年五月号（岩波書店）の佐藤学論文「劣化する学校教育をどう改革するか」である。それによると、二〇〇〇年から二〇〇三年のわずか三年間で「学力低下」が起きた原因として、次の三つがあげられている（同誌、一一五～一一七頁）。

①ドリル学習の普及によって高次の思考力や表現力が低下したこと。

②習熟度別指導の広範な普及によって低学力の生徒がますます低学力になったこと。

③少人数学級に伴う非常勤講師と臨時採用の氾濫によって、教師の質が低下したこと。

佐藤氏は、こうした学校・教室の変化がその原因と考えている。確かに、こうした見方も部分的には成り立つかもしれない。ただし、①や②については、ドリルや習熟度別指導を批判する自説を補強しようとするあまり、客観的なデータが不足している。調査対象となった高校一年生が、中学校の三年間に①②③をどれくらい経験したかという厳密な検証が必要になるだろう。

しかし、「読解力」に関して言えば、先に述べたように国語の授業の変化（質量ともに弱体化したこと）が最大の原因であると私は考えている。特に、読むことの指導を否定するような動きが、一九九〇年代後半から急激に加速していったからである。これは二〇〇二年に新教育課程がスタートする前のことである（今回の結果がそれとは関係ないとする議論はこの点で間違っている。「詳細な読解」を批判した教育課程審議会答申および新教育課程への移行措置などの影響で、それが本格実施される前から現場に少しずつ浸透していたのである）。

PISA2003における「読解力」の低下は、やはり最近の国語科授業の問題点を反映していると見るべきである。

3 国内の学力調査から見えてくるもの

国内の学力調査としては、「青少年期から成人期への移行についての追跡的研究」（JELS2003）の中で行われた学力調査がある。これは「21世紀COEプログラム　誕生から死までの人間発達科学」（お茶の水女子大学）のプロジェクトとして進められている。同じ年代の青少年を学校から成人社会まで追跡調査することによって、学力低下、学卒無業者の増加、学校不適応、ひきこもりなどを解決する道を探ることを目的としている。

JELS2003では、学力調査の第一弾として、二〇〇三年に関東地方にあるX市の小学校三年生、六年生、中学校三年生を対象に学力調査（国語、算数・数学）が行われ、合わせて三〇〇〇を超える回収数を得た。この結果、学力の格差拡大、表現の工夫・効果を問う問題の通過率の低さ、文章を読んで推論したり意見を述べたりする力の弱さ、論理的な思考力・表現力の弱さ、記述式問題の無答率の高さなど、先のPISA2003と重なるような事実が明らかになっている（詳しくは、お茶の水女子大学21世紀COEプログラム『JELS 第2集国語学力調査報告』二〇〇四年を参照）。

また、二〇〇五年四月に発表された「平成15年度小・中学校教育課程実施状況調査の結果概要」（国立教育政策研究所）を見ても、同様の結果となっている。

4　国語科教育の改革方向

こうした学力調査の結果もふまえて、今後の国語科学習指導のあり方について、二つの点を指摘しておきたい。

(1)　メタ認知能力を育成する

最近の学力調査で通過率が低い設問に共通するのは、単なる内容の理解ではなく、その述べ方の特徴を客観的に解明するというメタ認知的な能力を要するものである。つまり、言語の性質や機能に対する分析的かつ反省的な思考力がないと答えられない問題である。

ＰＩＳＡ2003では、「テキストを熟考・評価する」という能力である。日本の高校生は軒並み低い。ＪＥＬＳ2003で言えば、小三の説明文「問五」（筆者の書き方の工夫をたずねる問題）は正答率五〇・二％、物語「問五」（表現の効果をたずねる問題）は正答率四八・七％、小六の説明文「問四」（二つの文章に共通する書き方の特徴を考えさせる問題）は正答率三七・九％となっている。

メタ認知能力は小学校高学年以降に本格的に発達するとされている。こうした結果は仕方がないと思われるかもしれない。しかし、正答率から見て、メタ認知能力はある程度育っている。むしろ、ふだんの授業で言語活動を自覚化・対象化させるような指導が不足してきたと言える。このままでは国語学力が「文章に書かれていることが分かる」というレベルにとどまる恐れがある。

今後は、読解領域で言えば、いかに書かれているかを分析し、読者（自分）との関わりで表現の工夫や効果を考えるような学習課題を重視すべきである。これによって筆者の文章構成やレトリックを学んで、自分の文章表現に生かすという道が開ける（読み書きの関連指導）。その場合、子どもがそのよさを実感し、納得するという体験が基本になる。その上で、問題点を吟味することが発展的な課題となる。こうした学習が、「この書き方で相手にきちんと伝わっているか」「どうすればもっと説得的になるか」というように、自分の思考や表現のあり方をモニタリングしたりコントロールしたりする力（狭義のメタ認知能力）を高めることになる。

(2)　論理的な思考力・表現力を育てる

最近の大学生をめぐって、「論理的に思考し、それを表現する力が弱い」（大学入試センター「学生の学力低下に関する調査」一九九八年）という指摘があるが、当のセンター試験にも原因がある。「国語」の問題は現代文・

古文・漢文の読解が中心である。しかもマークシートによる多肢選択式の出題は、すばやく正解を得るための受験テクニックを助長して、じっくり読んで自分の考えを持ち、それを適切に表現することを阻害している。

PISA2003では、日本の高校生の無答率がOECD平均を五ポイント以上上回った問題が九問あり、うち七問は自由記述の形式である。やはり自分で考えたことを文章に表現することが苦手である。

JELS2003でも、記述式の問題に対する無答率が高かった。少し複雑な問題になると、お手上げの状態である。また、「図書館の本をすべて貸し出し禁止にする」という提案に対して反対意見を述べるという問題（小六「書くこと」）の正答率も一七・一％（無答率八・八％）と低かった。「じっくり読めなくなる」「休日に読む本が少なくなる」といった具体的な反対理由を五〇字以上書いていれば正答であるが、この結果を見ると、自分の考えを論理的に記述する力は不十分と言わざるを得ない。

なお、無答率は学年が高くなるほど顕著である。先にあげた苅谷剛彦氏らの調査でも、無答の生徒が以前より増えていると報告されている。もし考えることが「めんどっちく」なっているとすれば、大きな問題である。まずは、考えることの面白さ・楽しさを味わえるような授業が必要になってくるだろう。例えば、パブリックコミュニケーションゲーム（自分の意見を筋道を立てて話したり書いたりすることを促すゲーム）や論理トレーニングなどの新しい教材開発をはじめ、子どもの思考力（スキル）を系統的に育てる学習指導の研究が進められるべきである。この点で、「思考様式」の転移・活用をめざす香川大学教育学部附属坂出小学校の実践は注目される（詳しくは、同校編『21世紀を切り拓く「確かな学力」の向上―「思考力」の育成に向けて―』二〇〇四年、第88回教育研究発表会資料を参照）。

また、論理的思考の到達点としての「批判的リテラシー」を育てる授業の開発も望まれる。これは、単なる受容的読解を超えて、PISAが求める「テキストの熟考・評価」にも通じている。たとえば、井上尚美『思考力育成への方略』（明治図書出版、一九九八年）阿部昇『文章吟味力を鍛える』（明治図書出版、二〇〇三年）が参考になる。

『問題な日本語』（北原保雄　編）

木内　剛（成蹊大学）

最近、若者ことばの間違いなどがよく指摘されている。私も、国語科教師を目指す学生たちが、芥川の「トロッコ」で「茶店」を躊躇なく「さてん」と読み、「なにげに」を連発する状況に唖然としている。コンビニ敬語も不快に感じる。かくいう私も「憮然」の意味は〇三年度文化庁国語世論調査を見るまで誤解していた。ことばは全く知らないより、誤解誤用の方が由々しいように思う。

本書は、『明鏡国語事典』の編者たちによるもので、タイトル自体に「問題な」を意識的に用いている。二〇〇四年一二月の発行後、翌四月には五〇万部を突破したそうだ。すでに大反響の本を取り上げるのは躊躇もあるが、多々ある類書の中で、まさに待ち望まれていた内容だったと思われるので、あえてとりあげたい。

本書の第一の特色は、何より、最近問題として指摘される言葉をじつによく拾いあげている点にある。以前からの定番ともいえる「酒が飲めない」か「酒を飲めない」の問題もあるし、私でさえ判断に迷う言葉や誤解していた言葉も収めている。「知らなさそうだ」、「本を読まなすぎる」の文法は私自身も毎度判断に迷うものである（パソコンでは、なんと本書で誤りとされる「知らなさそうだ」「読まなさすぎる」しか変換されない！）。

第二の特色は、誤用かどうか判断するための理由をしっかり説明している点にある。間違えにもそれなりの根拠があることも分かる。気になっていた「違くて」はどう間違いなのか、霧が晴れた。教える時に理由を説明できなければ、「こちらが正しいのだ」という押しつけに陥りかねない。なお、これまで誤用と信じてきた「汚名挽回」、「とんでもございません」が誤りでないというのは意外である。説得力はあるが、真説なのであろうか。

「役不足」など取り上げて欲しかったことばもあるが、本書の内容を教えられれば、確かな学力に大いに資するであろう。（大修館書店、二〇〇四年、税込八四〇円）

『科学的な「読み」の授業入門　文学作品編』（読み研運営委員会 編）

中村哲也（福島大学）

小説や物語などの文学作品を読み終えても、その筋や内容を覚えていない、あるいは思い出せないということがよくある。また、これとは逆に、読んだ本の詳しい内容やあらすじを見事に覚えていて鮮やかに語るひとにも出会うことがままある。こうした違いは、たんに読んだ内容についての覚えのよさだけの問題なのだろうか。

評論家柄谷行人は、作家森敦の「記憶力」に仰天して語ったことがある。柄谷よりもずっと高齢なのに、文芸時評のときなど、交代であらすじを紹介する段で、何のメモや書き込み、本への傍線がなくても、森は、こみいった筋書きのディテールを淀みなくしゃべり、短編集の幾多の作品もその題名を見ただけでことこまかに紹介したという。これには、あの怜悧な柄谷も「森さんが古今東西読んだ小説すべてをおぼえているといってもそれが誇張でも伝説でもないことを知った」と舌を巻いた。だが、柄谷は、森のこうした能力の裏に「同一的な構造を直観する能力、それを論理的に展開する能力」があることを喝破している（森敦『意味の変容』ちくま文庫・解説）。

「読み研」の理論からすれば、森のこの驚異的な記憶力とは、まさに「構造よみ」そのものだとなるだろう。森敦はいわば「構造よみ」の巨匠なのだ。そして、この「放浪の作家」の逸話は、作品の筋を詳しい細部を含めて的確に語り直す力こそ、読解力評価の有力な指標であることを示している。もちろん、これは、教師の教材研究、授業づくりになくてはならない力でもある。

本書には、読み研の提唱する文学作品の読解理論のエッセンスが、小中学校の教材に即して簡潔にまとめられており、とくに構造よみについては、要を得た解説がなされている。まずは、本書から、読み研の理論の精髄にふれ、明日の授業実践の改善に役立てていただきたいと思う。

（東洋館出版社、二〇〇〇年　税込二三一〇円）

『世界がもし一〇〇人の村だったら』（池田香代子 再話　C・ダグラス・ラミス 対訳）

有働　玲子（聖徳大学）

本書は驚くべきことに絵本である。しかも、言葉は、人の心を動かし、行動を生むことを証明した絵本である。シンプルな文体。簡潔な英文。世界で生きている六三億の人々を一〇〇人の村にたとえ、その現実を浮き彫りにした。

本書はメールによって誕生した現代性をもつ。心を動かされた人々の間でメールが世界を駆けめぐったのである。気になるのは教育現場との関わりであろう。日本では、千葉県の中学校教師が学級メール通信で引用をした。それを読んだ保護者がさらに全国に発信していった。

では、本書のこれほどの魅力はどこにあるのか。それは、世界と自分を結びつける牽引力である。事実をみつめる複眼性である。それは、事実とそれから引き出される語り手の思いを語るといった伝承のパターンである。

たとえば、世界の男女比、人種比などの数字がある。その後にそれをどう考えたらよいのかという問いかけが続く。具体的に事実を明確に数字で示し、自分と他者との関わりを鮮明に明言するのである。

「いろいろな人がいる　この村では　あなたとは　違う人を理解すること　相手をあるがままに　受け入れること　そして　なにより　そういうことを知ることが　とても大切です」

自分と他者との違いを理解することは、教育の基本であろう。違いを理解することから、相手と自分との共存ができるようになるからだ。その理解のさせ方に、教師は深く関わるのである。何よりも、その違いを知ることから、他者である相手との関わりが始まる。そこから、初めて、相手を受け入れることができるようになる。

数字で示された事実が、絵の色によって読者に訴えてくる。絵本という体裁を用いたことで読者は格段に増えた。絵本としても、現代の童話としても読むことができる。生きることの意味を根本から考えさせる絵本である。

（マガジンハウス、二〇〇一年、税込八八〇円）

『子どものやる気と集中力を引き出す授業30のコツ』（上條晴夫 著）

喜岡　淳治（成蹊大学）

1　教育実習訪問で教師の卵を育てる

毎年、六月は教育実習訪問で多くの中学校や高等学校を訪問する。学生が教師を目指して、切磋琢磨している様子を拝見する。授業において、最低限次の三点を実行してほしいとアドバイスすることが多い。

・最初に授業で必要なものが机上に出ているかを確認。
・次に、授業のロードマップ（授業の道筋）を提示。
・全員の子どもが授業の流れについてきているかを、途中で何度かチェックする場面を設定。

一人も残さずに、クラス全員の子どもたちのための授業であるという雰囲気を出して欲しい。

2　国語の確かな学力をつける前にすること

少々、前置きが長かったが、筆者の上條氏の専門は国語だが、この書は国語科に限った話ではない。子どもに確かな学力をつけるために教師が着実にしなければならない、前章の内容に類似したものを含めて、網羅的に紹介した本である。

3　教師の生徒への接し方

「むずかしくなった授業づくり」という現状分析のなかで、特に子どもたちと生徒との間に起こる、コミュニケーションの困難が挙げられている。その事態を解決するために、「安心感」と「説明責任」が必要になっており、「授業成立10の原則・30のコツ」は参考になる。

加点法の発想で指導すること・時間を区切って授業をゲーム化すること・個別指導から集団指導へ入ること・時間を決めて話し方を工夫すること・表現的要素をもった活動の面白さを享受させること・子どもにその意思表示の内容を書く動作をさせること・アクションを持った活動をさせること・活動の途中や最後に個々の子どもにフォローの言葉をかけること・遊び心のある演出をすることなど、バラエティに富んだアドバイスが役に立つ。

（学事出版、二〇〇五年、税込一六八〇円）

『読むことの教育――高瀬舟、少年の日の思い出』（竹内常一 著）

小林信次（愛知県名古屋市立表山小学校）

「語り手と対話〈ダンス〉するように読むことをはじめませんか」

この本の帯に書かれたこの問いは、何を意味するのか。この謎が解き明かされていく。

著者は、教育学者として多くの先進的な提起をしてきたし、数多くの著書を送り、教育界をリードしてきた人であるが、文学研究者としては、知られていないように思う。

「高瀬舟」（森鷗外）は、国語の教材としても有名な作品である。学生との読書会「国語教材を読む」ことから、引き継いでこられ、この著書が国語研究の処女作となっている。「高瀬舟をどう読むのか」が一貫したテーマとなっている。

私は小学校の教師なので、「高瀬舟」で授業はしたことがないが、多くの文学作品に出会い数多くの読みの授業をしてきた。

「どう読み、どういう授業をしていくのか」は私のテーマでもあった。次の問いかけは、答えを与えてくれる。

「現実の読み手が、小説の冒頭部、とりわけ、そこに直接的・間接的に登場してくる虚構の語り手とその語り口を読みとることに関心を払い、語り手が主人公をめぐる出来事をどのようにかたっているかを聞き取り、読みとることができるならば、みずからを虚構の聞き手へと二重化し、物語世界に参加していくことになるのではないか」。これが著者の読者への呼び水となっていて、「高瀬舟」「少年の日の思い出」の新しい視点での読みが展開されている。説明文「クマに会ったらどうするか」もまた、心躍る読みが書かれている。

小説の読み方でもあるし、著者独特の日本語の美しさが描かれていて、難解にみえるが実に鮮やかに国語の読みと文学の読みが統一された著書として必読書である。

（山吹書店、二〇〇五年、税込二七三〇円）

『文学の力×教材の力』中学校編一年（田中実・須貝千里 編）

小倉泰子（東京都葛飾区立一之台中学校）

現代における文学及び文学教育の意味を徹底的に深く追究し、それを教材研究のレベルにまで具体化したのが本書である。

須貝千里氏は、本書の中で、宮沢賢治の「オツベルと象」に触れて、作家宮沢賢治の宗教観や思想に焦点を当てて読み解こうとする「読み」や、音読の魅力に回避する「読み」などは、文学作品の教材価値を矮小化し文学作品を教材とした授業の固有の意味を放棄することにつながると批判しつつ、このような「オツベルと象」の〈読み方〉の暗黙の制度性を超えて、〈ことばの仕組み〉の解明へと向かう「読み」、つまり「牛飼ひ」という語り手の語ることの必然性と論理性を問う「読み」を提起している。そしてさらに、〈読み〉のエセアナーキーと〈読み〉のアナーキーをともに超え、国語教育の分野における読みの正解到達主義とその批判という二元論的な構図を超えていく必要があることを主張する。

本書の核心的な考え方は、文学作品の〈読み〉とは、作者の意図に沿ってではなく〈作品の意志〉に導かれながら読み手自身のコンテクストを掘り起こし、既存の自己を瓦解させ、新たな自己発見をおこさせる動的な過程であるというところにある。そのことが、現代の情報化社会に生きる人間の影や闇に立ち向かっていくことにつながり、ここにこそ文学教育の本領があると主張する。

本書のシリーズは、小学校編全六巻、中学校編全三巻、それに理論編を加えて十巻からなっている。どの巻を読んでも刺激的で「目から鱗」の思いがする。

「ゆとり」を旗印にした学習指導要領もわずか数年で見直しを迫られ、国語の授業の重要性も指摘され「話す・聞く」の重視から「読む」力の再検討へと動きつつある中で、この十巻は、文学作品の授業の意味をあらためて考えてみる重要なよりどころとなるだろう。

（教育出版、二〇〇一年、税込二五二〇円）

『徹底入門！力をつける「読み」の授業』（阿部昇 著）

内藤賢司（福岡県八女郡矢部村立矢部中学校）

「読み研」（科学的「読み」の授業研究会）の授業方法について、興味・関心のある方やもっと詳しく知りたいと思っておられる方に、ぜひお薦めしたい書の一つである。最適の、しかも実践的な「読み研」入門書となっている。

第一部では、「読み」の授業についての指導理論・指導方法が、第二部では、その理論・方法にもとづく具体的な教材研究とその授業記録が丁寧に書かれている。

私は、第二部から読んでいくのがいいと思っている。とりわけ、筆者が行った実際の授業記録がおもしろい。

例えば、北原白秋の詩「からたちの花」の構造よみの授業記録。詩の構造は、「起承転結」で読んでいくのだが、ここでは「起」は第一連だけか、二連までかということで、論争が仕組まれる。論争を見事に組織しながら、「起」を明らかにさせていった後、今度は五連が「転」となる理由を考えさせる。「三つ転じていることがあるんです。……三つ見つかったら言うことなし。じゃあ話し合い、4分！」といったように、エキサイティングな授業展開。筆者の指導言（助言、発問、質問等）の的確さ、歯切れのよさが心地いい。その記録の節々に、「ストップモーション」として、授業者の指導の意図の説明を挿入。発言の組織の仕方、机間巡視での生徒への援助の仕方など、指導のポイントが押えられている。

生徒たちは、全員参加の授業の中で、互いに意見を交流させながら読みを深めていく。同時に、（そして、これが大事なことだが、）読みの方法（学び方）も獲得していくのである。読者もまた、教室にいるような臨場感を味わいながら、「読み研」の授業方法を楽しく学びとることができる。

読解力の低下が叫ばれる今日、読みの力を育てるために、現場やサークルで大いに活用したい一書である。

（学事出版、一九九三年、税込三〇四五円）

『ホンモノの文章力――自分を売り込む技術』（樋口裕一 著）

加納 一志（東京都多摩市立多摩中学校）

作文教育の問題点は何かといわれれば、「何を」「どのように」が教えられていないことだと私は答えたい。本書は、その問題点を克服する一つの切り口となる。本書は、新書版の二一九ページ、五章からなる。第一、六章はそれぞれ導入とまとめ、第二～五章は「小論文・レポート・投書」、「自己推薦文・志望理由書」、「作文・エッセイ」、「手紙・eメール」の書き方になっている。

最も評価する点は、「書くこと」の指導内容がはっきりしている、つまり国語を技術と捉えている点である。国語科は抽象的議論が多かった。「豊かな読み」「心がつながる作文」などという文言がまかり通る世界だけでは発展しない。「何」を「どのように」書いたり、直したりすればよいのか、教わる側が明確にわかることが求められている。そのヒントが書かれている。

二つ目は、作文の技術教育の思索力育成としている点だ。書く活動は思索・思考そのものである。書き方を教えることは、まさに思考方法を教えることである。聞く・話す・読む活動よりも繰り返し思考しやすい活動なのだ。

注目する残り一つは、実用的作文スキルの中に文学的領域の技能も書かれていることである。第四章「作文・エッセイの書き方」がそれである。四部構造で書くこと、描写や文体の工夫などが具体的に示されている。

課題は何か。技術の提示に不十分な点があることだ。作文・エッセイの書き出しについては、①インパクトのあること ②会話や行動描写③「まくら」（導入の話）の三つの指針しか書かれていない。私は書き出し技能を①会話 ②行動描写 ③時・場・人物・事件設定のいくつか④気持ちを表す情景⑤五感⑥短文などと考えている。

この分野の開拓は、私たち国語教師の役割だと思う。「書くこと」の研究交流も多く進めていきたい。

（集英社新書、二〇〇〇年、税込六九三円）

編集後記

科学的「読み」の研究会（読み研）は、来年、第二〇回大会を開きます。いよいよ「成人」を迎えることになります。本研究会の初代代表の大西忠治（都留文科大）が亡くなって、はや一三年の月日が過ぎました。この間、日本の国語教育界も、いわゆる「教育改革」の名のもとに激しい変化の波に洗われています。しかし、私たちは「読み」の授業についての追究を軸としながら、国語科教育の改革のために精力的に研究を行ってきました。本書は、その一つの到達点です。特に本書では、小・中学校の新教材を取り上げ、現場の実践家が教科内容に即して、教材分析と授業化に鋭い切り口で丁寧に迫っていることが特徴です。ぜひ、明日の授業に活かしていただきたいと思います。

伝えられるところによれば、間もなく中央教育審議会の答申が出ると言われています。時間数の問題や教員免許状の見直しなども含む答申になるとのことですが、国際的な学力調査に示されたいわゆる「学力低下」問題を是正しようとする動きであることは確かです。本書では、国語学力にかかわって鶴田清司先生がこの問題に鋭い分析を加えています。また、読み研『研究紀要Ⅶ』（〇五年八月刊）では、高木まさき先生が別の角度から詳細な論考を発表しています。ぜひ、ご覧ください。

本書では、このほか「国語科教育の改革」への提言として、柴田義松・望月善次・竹内常一・府川源一郎・加藤憲一の諸先生にご寄稿いただきました。特に、柴田先生からは大西忠治の先駆的な学習集団論の再検討と「国語授業における学習集団指導は授業改革の鍵となる」とのご提起を頂いています。今後、実践的に応えたいと考えます。また、国語教材論について上谷順三郎先生にご寄稿いただきました。全1時間の授業記録と分析も注目されます。すぐ授業に役立つスポット実践、国語教師に薦める「この一冊」も実践意欲を喚起する刺激となります。

重ねて、多くの先生方、研究者の方々のご意見・ご批判をお待ちいたします。

二〇〇五年八月

読み研事務局次長　小林義明（大東文化大学）

【編集代表紹介】

阿部　昇（あべ　のぼる）

秋田大学教授。

科学的『読み』の授業研究会事務局長、日本言語技術教育学会常任理事。

〈主要著書〉『文章吟味力を鍛える――教科書・メディア・総合の吟味』明治図書出版、『授業づくりのための「説明的文章教材」の徹底批判』明治図書出版、『力をつける「読み」の授業』学事出版、『新中学国語科教科書研究』（全三巻）［編著］明治図書出版、他。

小林　義明（こばやし　よしあき）

大東文化大学非常勤講師。

科学的『読み』の授業研究会事務局次長、日本教育方法学会会員。

〈主要著書〉『教材研究の定説化「夏の葬列」の読み方指導』明治図書出版、『科学的な「読み」の授業入門』［共著］東洋館出版社、他。

柴田　義松（しばた　よしまつ）

東京大学名誉教授。

日本教育方法学会代表理事。

日本カリキュラム学会代表理事、日本教師教育学会常任理事などを歴任。

〈主要著書〉『21世紀を拓く教授学』明治図書出版、『「読書算」はなぜ基礎学力か』明治図書出版、『学び方の基礎・基本と総合的学習』明治図書出版、『教育課程―カリキュラム入門』有斐閣、『国語の基礎・基本の学び方』［編著］明治図書出版、他。

丸山　義昭（まるやま　よしあき）
新潟県立長岡高等学校教諭。
科学的『読み』の授業研究会運営委員。
〈主要著書〉『教材研究の定説化「こころ」の読み方指導』明治図書出版、『科学的な「読み」の授業入門』［共著］東洋館出版社、他。

国語授業の改革 5
国語科　小学校・中学校新教材の徹底研究と授業づくり

2005年8月31日　第1版第1刷発行

科学的『読み』の授業研究会［編］
（編集代表：阿部昇／小林義明／柴田義松／丸山義昭）

発行者　田　中　千津子
発行所　株式会社　学　文　社

〒153-0064　東京都目黒区下目黒3-6-1
電　話　03（3715）1501(代)
FAX　03（3715）2012
振　替　00130-9-98842
http://www.gakubunsha.com

印刷所　メディカ・ピーシー

ISBN 4-7620-1447-8